丛书编委会名单

编委会顾问：宋毛平　郭蔚蔚

编委会主任：林克明　姜建设

编委会副主任：崔东霞　张振东　赵子建　李　红　齐秉宝　卢振华
　　　　　　　王晓全　孙　红　俞海洋　吴艳丽

编委会委员：（按姓氏汉语拼音排序）

　　崔东霞　崔　伟　党希平　冯　艳　郭　宏　郭红卫　韩冰楠
　　洪国梁　黄海涛　黄迎乒　姜建设　李　红　李　静　李　伟
　　李　颖　林克明　刘　杰　卢振华　马襄成　庞宏陆　齐秉宝
　　乔　柱　孙　红　王晓全　王　晏　王　跃　吴　健　吴绪东
　　吴艳丽　徐虎泼　杨　黎　杨　林　叶新江　俞海洋　张绍通
　　张振东　赵广涛　赵　聂　赵子建

《健美操》编委会名单

主　编：李　红　冯　艳　梁宝君

副主编：崔东霞　芦秋菊　崔国红　周　丽　刘洪振　郭　宏

编　委：（按姓氏汉语拼音排序）

　　崔东霞　崔国红　冯　艳　郭　宏　乐严严　李　红　梁宝君
　　刘洪振　刘兰荣　芦秋菊　彭　博　王　楠　杨　黎　詹　静
　　赵　娟　周　丽

普通高等学校体育选项课教材

丛书主编：林克明

健美操

JIANMEICAO

李红　冯艳　梁宝君　主编

化学工业出版社
·北京·

本书是《普通高等学校体育选项课教材》之一，全书涵盖健美操基本理论、基本技术，完整套路实践，时尚健身课堂和大众健美操竞赛与欣赏等内容。每个章节精心设计了课前重点难点提示和健身小常识，力求对知识点的学习和运用起到融会贯通的作用；书中单个基本动作技术和组合的讲解中，不但采用了连续动作照片示意，还配以文字说明和课后练习，形成课内学习和课外锻炼的互补；时尚健身元素的加入，为开阔健身视野提供了更为宽阔的平台；竞赛组织及规则的介绍为更好地把所学知识运用到实际生活当中奠定了良好基础。

本书既可作为普通高等学校健美操选项课教材、体育院（系）专项课教材和高水平运动队健美操训练课教材，也可作为广大健美操、塑身美体爱好者自学锻炼的参考用书。

图书在版编目（CIP）数据

健美操/李红，冯艳，梁宝君主编．—北京：化学工业出版社，2011.11（2023.3重印）
普通高等学校体育选项课教材
ISBN 978-7-122-12489-0

Ⅰ.健… Ⅱ.①李…②冯…③梁… Ⅲ.健美操-高等学校-教材 Ⅳ.G831.3

中国版本图书馆CIP数据核字（2011）第204197号

责任编辑：宋　薇　　　　　　　　　　　装帧设计：张　辉
责任校对：洪雅姝

出版发行：化学工业出版社（北京市东城区青年湖南街13号　邮政编码100011）
印　　装：涿州市般润文化传播有限公司
787mm×1092mm　1/16　印张 8$\frac{1}{2}$　字数203千字　2023年3月北京第1版第2次印刷

购书咨询：010-64518888　　　　　　　售后服务：010-64518899
网　　址：http://www.cip.com.cn
凡购买本书，如有缺损质量问题，本社销售中心负责调换。

定　　价：45.00元　　　　　　　　　　　　　　　　版权所有　违者必究

序

体育作为人类社会的一种文化形态和伟大的社会实践，其意义在于维系人体健康，满足人们享受生活和发展自身的需要。体育的价值在于优化人的心理，关切人的生存与发展，促进身心全面和谐发展，提高生活质量。新世纪我国大学体育的目标、内容和形式正在发生深刻的变化。大学体育教育从以往片面关注增强体质的生物性机能改善转变为全面关注大学生身体健康、心理健康和社会适应能力的协调发展；从以往仅仅关注大学阶段的短期效应，转变为兼顾终身体育培养的长期效应。大学体育在一系列转变中呈现出个性化和多样化的倾向，其课程内容的选择也比以往更加强调学生的主体地位。大学体育教育是塑造健康之体魄、陶冶健全之精神、提高社会适应能力、形成体育锻炼习惯，建立良好生活方式的金钥匙，是造就一代高素质、有竞争力、有创造力人才的有效渠道，是提高当代大学生身心素质，进而实现健康为祖国工作五十年的基础。

《普通高等学校体育选项课教材》的编写坚持"以人为本，健康第一，终身体育"的指导思想，尊重学生身心发展的特点，遵循教育和体育的发展规律，全面解析《全国普通高等学校体育课程教学指导纲要》的课程理念、课程性质和课程价值，着重突出运动参与、运动技能、身体发展、心理发展和社会适应的课程目标。在教材和课程内容上注重健身性与文化性相结合、选择性与时效性相结合、科学性与可接受性相结合、民族性与世界性相结合、共性与个性相结合的原则，充分反映和体现教育部、国家体育总局制定的《国家学生体质健康标准》的内容和要求，旨在为广大大学生提供素质教育和体育教学活动的指导。

本套教材在编写过程中得到了教育部体育卫生艺术教育司、河南省教育厅等单位的大力支持和帮助，真切希望这套教材能够对我国大学体育课程的建设起到积极作用，能够为普通高等学校文化素质教育、体育课程改革、教材建设有所帮助，成为广大体育教师和普通大学生开展体育活动的有益指导。

2012年2月

前言

健美操在全国高校作为主干课，已越来越受到学校的重视和学生的喜爱，《健美操》分册以建立和谐、愉快、活泼的教学气氛，注重学生团队精神培养、心理素质培养、艺术素养和审美素养的培养为目标进行编写。全书涵盖健美操基本理论、基本技术，完整套路实践，时尚健身课堂和大众健美操竞赛与欣赏等内容。每个章节精心设计了课前重点、难点提示和健身小常识，力求对知识点的学习和运用起到融会贯通的作用；书中单个基本动作技术和组合的讲解中，不但采用了连续动作照片示意，还配以文字说明和课后练习，形成课内学习和课外锻炼的互补；时尚健身元素的加入，为开阔健身视野提供了更为宽阔的平台；竞赛组织及规则的介绍为更好地把所学知识运用到实际生活当中奠定了良好基础。

全书由李红、冯艳和梁宝君担任主编，崔东霞、芦秋菊、崔国红、周丽、刘洪振、郭宏担任副主编，李红负责全书的统稿，并编写第一章、第四章第一节、第二节、附录1；冯艳编写第三章、附录2；梁宝君编写第二章；崔东霞、崔国红编写第五章和附录3；芦秋菊编写第四章第三节和附录2；刘洪振编写第四章第四节；周丽、郭宏编写附录1；参加编写的有（按姓氏汉语拼音排序）：乐严严、刘兰荣、彭博、王楠、杨黎、詹静和赵娟等。文中图片模特由冯艳担任，图片处理制作由冯艳、梁宝君共同完成处理。在此一并向对本书编写给予关心、支持和帮助的各界人士表示衷心感谢！

限于作者水平，书中若有不妥之处，恳请广大师生以及体育工作者批评指正。

编者

2012年2月

目录

第一章 健美操的基本理论 /1

第一节 健美操运动概述 /1
一、健美操的起源与发展 /1
二、健美操的类型 /2
三、健美操的特点 /3

第二节 健美操的健身价值 /3
一、健美操的身体锻炼价值 /3
二、健美操的心理保健价值 /4

第三节 健美操的锻炼形式及要求 /4
一、健美操的锻炼形式 /4
二、健美操的锻炼要求 /4

第四节 健美操科学健身指导 /5
一、遵循科学的健身规律 /5
二、自我监督法——塑造健美体魄的基本条件 /6
三、生理指标——健美操锻炼的指南针 /6

第二章 健美操的基础动作及舞动组合 /7

第一节 健美操的基本动作 /7
一、健美操的常用手型 /7
二、健美操的基本动作 /8

第二节 健美操的基本步伐 /23
一、无冲击步伐 /23
二、低冲击步伐 /24
三、高冲击步伐 /29

第三章 健美操完整套路实践 /37

第一节 青春律动健美操 /37
第二节 激情飞扬健美操 /45
第三节 活力四射健美操 /53

第四节　炫彩动感健美操　　/62

第四章　时尚健身课堂　/72

　　第一节　瑜伽课堂　/72
　　　　一、瑜伽的起源　/72
　　　　二、经典瑜伽体式　/73
　　　　三、你的身体如何瑜伽　/81
　　第二节　普拉提课堂　/82
　　　　一、普拉提起源　/82
　　　　二、普拉提十六字真谛　/82
　　　　三、普拉提练习的两项基本原则　/82
　　　　四、普拉提的中立位练习　/83
　　　　五、普拉提经典体位练习　/83
　　　　六、你的身体如何普拉提　/89
　　第三节　啦啦操运动　/90
　　　　一、啦啦操的起源与发展　/90
　　　　二、啦啦操运动的特点　/90
　　　　三、啦啦操运动的分类　/91
　　　　四、啦啦操运动的口号　/91
　　　　五、啦啦操基本动作的技术特征　/91
　　　　六、啦啦操基本手臂动作　/92
　　　　七、啦啦操基本下肢动作　/93
　　　　八、啦啦操基本组合　/94
　　第四节　排舞　/106

第五章　健美操竞赛与欣赏　/116

　　第一节　健美操竞赛知识　/116
　　　　一、协会组织介绍　/116
　　　　二、健美操竞赛的意义与规则变化　/116
　　第二节　健美操欣赏指导　/117

附录

　　附录一　大众健美操比赛评分规则　/119
　　附录二　舞蹈啦啦操运动的评分规则　/121
　　附录三　排舞评分规则　/124

参考文献　/127

第一章 健美操的基本理论

本章要点：

健康，青春，靓丽，快乐，是每个大学生所向往的生活态势，健美操运动能为你实现这样的梦想，本章从健美操的产生和发展过程、健美操对身体的健身价值、健美操锻炼的形式和要求、健美操日常健身常识这四个方面给你以全新的诠释。

第一节 健美操运动概述

一、健美操的起源与发展

健美操是近几十年发展起来的一项新兴的体育运动项目，它起源于传统的有氧健身操。通过徒手，手持轻器械和在专门器械上进行练习，可以达到健身、健美、健心的目的，它以其固有的价值和魅力风靡世界，深受广大青年学生的青睐。

1. 健美操在世界的发展

20世纪60年代初期，信息产业和电子技术快速发展，人们脑力工作增加，体力活动减少，带来潜在的健康危害，为了抵御健康危机，人们发明了健身方法，健美操就是其中之一，它把东方体操动作和非洲舞蹈的节奏完美结合，使更多的人体会到美、快乐和健康。

美国是现代健美操盛行的国家，也对世界健美操发展有着重要影响，最具代表性的人物简·方达被称为健美操皇后，这位好莱坞著名影星和现代健美操专家对健美操运动在世界范围内的流行与发展起到了巨大的推动作用。

健美操在欧、美、亚等众多国家和地区也都得到了不同程度的开展：1983年最受欢迎的电视节目《健与美》使成千上万的西班牙人在电视机前学做健美操；日本的健美操有着30多年的发展历史，在国际体操联合会成立以前，总部设在日本的国际健美操联合会一直是国际上最大的健美操组织。

由国际健美操联合会在1983年举办的第一届国际健美操比赛是首次国际竞技健美操比赛。国际体联（FIG）从1995年开始举办国际体联（FIG）健美操锦标赛，到目前为止共举行了八届。每届均有40多个国家参加，除此以外各健美操国际组织还单独或联合举办各种世界健美操巡回赛和大奖赛，以扩大健美操运动在世界范围的影响。

2. 健美操在我国的发展

现代健美操在我国的兴起是20世纪70年代末、80年代初。1984年，中央电视台的《健

美5分钟》、《动感组合》、《时尚动起来》等节目，为健美操在我国的宣传与普及起到了积极的推动作用。

2002年开始我国健美操在世界锦标赛上实现了初级突破，团体和单项跻身世界前八，2004年第八届世界锦标赛取得六人第三名的好成绩，2005年7月在德国杜伊斯堡的世界运动会赛场上，中国队实现了金牌零的突破，2006年6月在南京举行的第九届世界健美操锦标赛我国选手一举拿下六人操金牌、男单金牌、女单银牌。随后2008年德国第十届世锦赛的六人操冠军，2010年法国第十一届世界健美操锦标赛的一金一银一铜，2011年世界杯系列赛第一站（法国）包揽全部金牌，再一次向世界证明了我们的实力，标志着我国竞技健美操已居世界前列（表1-1-1）。

表1-1-1　健美操世界锦标赛比赛成绩表格

年份	届数	项目	成绩	地点
2002	第七届	团体 三人操	第七名	立陶宛
2004	第八届	六人操	第三名	保加利亚
2006	第九届	男子单人 女子单人 三人操 六人操	第一名 第二名 第二名 第一名和第三名	中国
2008	第十届	六人操 三人操 男子单人	第一名 第二名 第三名	德国
2010	第十一届	三人操	第一名	法国

二、健美操的类型

健美操根据目的和任务可分为健身健美操、竞技健美操两大类。

（1）健身健美操：是集健身、娱乐、防病为一体的群众普及性健身运动，其动作简单、活泼、流畅，讲究针对性和实效性。按练习形式可分为徒手健美操、轻器械健美操等；按不同的目的要求分为健身健美操、美体健美操（这类健美操主要

是改善形体，塑造正确姿态）；按生理结构可分为头颈健美操，肩部健美操，胸部健美操，臀部健美操等（这类健美操可有效改善和调整身体局部的形态和功能）。

（2）竞技健美操：以比赛取得优异成绩为主要目的，套路的编排必须与规则和规程相一致，竞技健美操只进行自编动作比赛，每套动作的时间是1分45秒

正负5秒，成套动作必须展示连续的动作组合，柔韧性和力量，并在综合运用7种步伐的同时，高质量地，完美地，完成各类难度动作。竞技健美操对人的身体素质，技术能力和艺术表现力有较高的要求。目前，我国大型竞技性健美操比赛有全国健美操锦标赛、全国大学生健美操锦标赛、冠军赛、精英赛等，可分为单人、混双、3人、混合6人等形式。

三、健美操的特点

（1）健身美体：健美操多为多关节同步运动，对塑造人体形态，培养健美体态具有十分重要的作用。

（2）高度艺术性：健美操无处不表现出"健、力、美"的特征，可使练习者锻炼身体、增强体质、提高艺术修养。

（3）广泛适用性：健美操练习形式多样，运动量可大可小，对各个年龄层次、不同性别、不同身体素质、不同技术水平的人都适宜。

（4）强烈节奏感和韵律性：健美操动作具有强烈的节奏性，健美操音乐节奏强劲有力、旋律优美，具有激发人们情绪的效应。运动与音乐的完美结合使健美操练习更具有感染力，健美操比赛和表演更具有观赏性。

思考题：
1. 你知道健美操的起源和发展吗？
2. 你知道健美操的特点吗？

第二节　健美操的健身价值

一、健美操的身体锻炼价值

（1）增进健康、增强体质。健美操具备强身健体的作用。经过长期、经常性地健美操锻炼，可使身体各器官系统在一定强度和力量的刺激下，促进健康、增强体质。

（2）健美操雕塑人体形态。良好的身体姿态是形成个人气质、风度的重要因素。经常参加健美操运动，可以帮助人们消除体内多余的脂肪，使体态变得丰满、线条优美，同时可维持人体能量的收支平衡。

（3）力度与节奏相结合。健美操强调节奏和力度结合，随着音乐的节拍，对动作所牵涉的肌肉群、关节和骨骼进行有节奏的自身负荷锻炼，其频率和强度的变化对一般人来说是非常适宜的。所以经常进行健美操练习，可以使我们的身体更挺拔，提高骨骼的抗折断、抗弯曲和抗扭转的能力。

（4）身体均衡。健身的全面性、均衡性是大众健美操的突出优点，健美操动作的编排体现了动作的均衡性和对称性，每完成一套动作身体各部位都得到了全面均衡的锻炼。

（5）符合人体生理规律。健美操编排的运动负荷严格遵循人体

运动的生理规律,运动负荷由小到大、心率由低到高,呈波浪状逐步上升,再逐渐恢复到平静状态,在此过程中心血管系统、呼吸系统、消化系统和内脏器官的机能都可得到改善和提高。

(6)医疗保健。健美操是有氧运动,只要控制好运动强度和运动量,就能在预防损伤的基础上达到医疗保健的目的。

二、健美操的心理保健价值

(1)健美操是人体心理的疏导师。长期的精神压力会引发躯体上、心理上的疾病。健美操练习过程中,人陶醉在美的韵律之中,可使心情变得愉快、精神压力得到缓解。

(2)健美操是人体心灵的净化师。健美操能够陶冶情操、净化心灵、提高精神面貌,塑造外在美的同时还可使人胸怀豁达,乐观进取。

(3)健美操是增进人们相互交往的催化剂。人们在练习健美操时都是在集体场所进行,大家一起锻炼,从而建立起一种融洽的人际关系。

(4)健美操是人体艺术修养的启迪师。在健美操练习时,要求身体保持挺拔、精神饱满愉快、动作协调优美,将外形美与内在美融为一体,给人以充满朝气、阳光灿烂的精神面貌。

思考题:
1. 你知道健美操对雕塑形体的重要性吗?
2. 你知道健美操的心理保健价值吗?

第三节 健美操的锻炼形式及要求

一、健美操的锻炼形式

(1)个人锻炼:主要是指以个人和家庭为单位。优点是灵活、随意性大,既经济又实惠。缺点是达不到科学的、循序渐进的、持之以恒的锻炼。

(2)集体锻炼:一般由健美操爱好者自发组织,不受场地、人数、性别、动作的限制,这种形式目前拥有我国参加健美操锻炼最庞大的人群。

(3)健身俱乐部:是一种文明程度较高的健美操锻炼形式。有不同的健身器械、健身指导员、健美操教练员及医务监督,有固定的课表及丰富的教学内容,这种形式将逐渐成为大众健美操的基本形式。

二、健美操的锻炼要求

(1)对音乐的要求:音乐是健美操的灵魂,选择时要使音乐风格与健美操动作风格相吻合,使音乐更好地服务于健美操。健美操音乐分为慢、中、快三个速度标准。大众健美操一般都选用中速音乐，10秒钟20～22拍，这种强度和力度是可以被大多数人所接受的。

（2）对身体素质的要求：老年人练习健身操时对身体素质要求较低；年轻人若想练习有一定难度的健美操，或者从事竞技健美操训练，需要具备力量、速度、爆发力、灵敏度、柔韧性、协调性等基本素质。

（3）对服装的要求：要选择质地柔软、弹性好、透气性强的服装，鞋必须是运动鞋，袜子以纯棉质地最佳。千万不要穿不透气的减肥裤。

（4）对场地的要求：健美操锻炼中，腿部动作比较多，场地必须平坦，如在室内，应保持良好的通风状态，到设备齐全的健身房锻炼就更好了。

（5）对娱乐性的要求：健美操能让人们从自己原有的狭窄生活圈子中解脱出来，开阔眼界，加强人与人之间的交往，让人们的生活更加丰富多彩。

（6）对营养的要求：在锻炼的过程中如不注重营养的补给，体内的物质能量消耗就得不到应有的补偿，应注意脂肪、蛋白质、糖类、维生素、矿物质、水的补充。

（7）对饮食卫生的要求：饭后不可马上进行健美操锻炼，因为用餐后1～2小时内，胃部因充满食物而膨胀，剧烈运动将不能保持呼吸顺畅。锻炼之后，要休息一段时间，身体得到充分恢复之后方可进食。运动时补水以每20分钟100～150毫升为宜；运动之后也不可一次饮水过多。应以少量多次为原则。

思考题：
1. 健美操锻炼的形式有几种？
2. 你知道健美操训练时对身体素质有什么要求吗？

第四节　健美操科学健身指导

一、遵循科学的健身规律

不同的人进行健美操锻炼的目的不尽相同，年轻人进行健美操锻炼主要是形成正确的身体姿态、愉悦身心、缓解学习和生活压力；女性大多是想通过健美操锻炼减去多余脂肪、塑造优美的形体；也有一部分人想通过健美操的学习，提高身体素质和有氧代谢的能力。要想达到好的健身效果，无论是锻炼频率还是锻炼强度，遵循科学的健身规律是非常必要的。让我们快快掀开这一页，做好训练前的准备工作吧。

（1）循序渐进：健美操对于强身健体、减肥健美、塑造体形能够起到很重要的作用，但并不是短时间内就可完成，需要由量变到质变的过程，对于刚刚接触健美操的人来说，不能急于求成，以免给身体带来不必要的害伤。

（2）灵活掌握，及时调整运动量：在运动时应密切关注自己的身体变化，如果出现过于疲惫、头晕目眩、心慌气短、恶心呕吐等不适，应该立刻停止运动。

（3）热身运动不容忽视：热身运动可使心脏对剧烈运动的承受力逐渐加强。慢跑和徒手练习对热身很有帮助。进行一些静力性的拉伸练习（如各种方向的压腿、踢腿等）也很有必要。热身时间的长短以及活动量可根据天气条件及自身状况而定。

（4）注重拉伸放松：练习结束后，要接着进行身体的放松练习，使心脏尽快平静下来，使运动系统尽快得到恢复，消除训练带来的疲劳。

二、自我监督法——塑造健美体魄的基本条件

对健美操锻炼效果进行检查和评价，不但能使练习者了解自己身体健康状况，还能够检验前一段时间的锻炼效果。如果出现下列情况，可能就是训练方法偏离了正确的航线，应及时调整，坚持到底，不要放弃啊！

（1）精神委靡不振，情绪难以自控，肢体酸软无力，很可能是因锻炼方法不当或疲劳所致，应该暂时停止练习，调整几天，等到状况改善后再循序渐进地投入训练。

（2）不能快速进入睡眠状态，或者睡后易醒、多梦，早上醒来头晕耳鸣。出现这种情况很可能与刚刚接触这项运动还没有完全适应有关，可以适当调整运动量，但最好不要半途而废。

（3）食欲不佳，食量减少。适度的身体运动会令人食欲大增。如果锻炼后，不但没有饥饿感，反而不想吃饭，说明训练方式出现了问题，需要作出有效调整。

（4）训练时人体的排汗量是随运动负荷的加大而增加的，而后会随运动水平的提高而逐渐减少。在适宜的外界条件和运动负荷强度条件下，若出现大量排汗、甚至夜间盗汗等现象，可能是运动负荷过大或身体健康状况下降，应及时调整运动量。

三、生理指标——健美操锻炼的指南针

生理指标是练习者在参加健美操锻炼前测定的一些生理指数。经过一段时间锻炼后再测一次，将所测数据进行对比可以观察运动效果或判断运动疲劳。千万不要小瞧这些指标，它对于掌握身体状况和提高训练效果是非常有必要的！

（1）心律——确定运动负荷的主要依据。心律是指在进行有氧锻炼时每分钟的心跳次数，它能反映出练习者的运动强度。对于没有训练基础的人来说，最高极限心率＝220次/分钟－实际年龄；对于有训练基础的人，最高极限心率＝205次/分钟－实际年龄的一半。无氧运动在以健身为目的的锻炼中是不提倡的。

（2）脉搏——心血管系统机能的测量器。可选择早晨起床前记录1分钟脉搏，连续监测数日；将数据制成曲线图，如果曲线保持平稳或下降，说明机能状态良好，训练效果不错；反之，说明机体状况不好，需调整训练计划。

（3）体重——健美操锻炼者的健康状况指标值。每周最好测2次体重，把测量的时间统一放在早上。如果训练后体重持续下降，而且身体乏力，证明训练出现问题，必须进行调整和矫正。

思考题：

1. 科学健身的规律有哪些？
2. 为什么说生理指标是健美操锻炼的指南针？

第二章　健美操的基础动作及舞动组合

本章要点：

基本动作是健美操中最基本的单位，通过基本动作的练习，能培养练习者的协调性和节奏感。健美操基本动作根据人体关节由上至下分为手型、头颈、肩胸、髋部及上肢和下肢五大部分。基本步伐根据运动时对地面的冲击力大小分为无冲击步伐、低冲击力步伐和高冲击力步伐三大类。

第一节　健美操的基本动作

一、健美操的常用手型

健美操手型是从芭蕾舞、现代舞、迪斯科、武术中吸收和发展而来的。手型是手臂动作的延伸和表现，运用得好，会使动作更加丰富、生动、更具感染力。常用的健美操手型有以下几种。

1. 掌（图2-1-1）

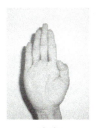　　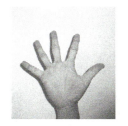

并掌　　　　　　　　　　　　开掌

图2-1-1　掌

（1）并掌：五指伸直，相互并拢。大拇指末关节收回，指关节贴于食指旁，手掌是小臂的延伸。

（2）开掌：五指伸直充分张开，手掌是小臂的延伸。

2. 拳（图2-1-2）

（1）实心拳：四指卷握，大拇指末关节压住食指、中指的第二关节。

（2）空心拳：四指卷曲，大拇指末关节压住食指、中指的末关节，拳成空心状。

| 实心拳 | 空心拳 |

图2-1-2 拳

3. 其它手型（图2-1-3）

（1）芭蕾舞手势：五指微屈，后三指并拢、稍内收，拇指内扣。

（2）健美掌：五指张开，小拇指内旋。

 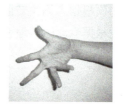

| 芭蕾舞 | 健美掌 |

图2-1-3 其它手型

你知道吗？

基本手型是健美操练习和一般性健身锻炼的基础。通过练习，可以掌握正确的技术动作，加大动作幅度，使动作更具优美性，培养良好的动作形态。

二、健美操的基本动作

（一）头颈动作

1. 屈（图2-1-4）

 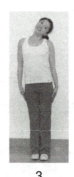 

1　　2　　3　　4

图2-1-4 屈

（1）动作方法：两脚并立，两手放在体侧，头部沿着垂直方向，主要是前、后、左、右四个方向的屈伸。

　　（2）动作要领：前后屈时，动作充分，匀速缓慢，不可过急过猛。

　　（3）动作变化：前屈，后屈，左屈，右屈。

　　（4）易犯错误：动作不到位，幅度小，过快。

　　（5）动作提示：上体保持直立，不能弯腰并控制速度。

2. 转（图2-1-5）

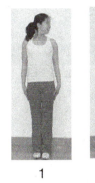

图2-1-5　转

　　（1）动作方法：两脚并立，两手放在体侧，头沿着垂直轴向左（右）转90度。

　　（2）动作要领：左右转时，下颌与肩平行，目视前方。

　　（3）易犯错误：动作过快，不充分。

　　（4）动作提示：转头时动作要慢，有控制，不能快且突然用力。

3. 绕环（图2-1-6）

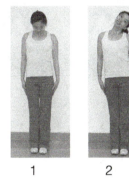

图2-1-6　绕环

　　（1）动作方法：两脚并立，两手放在体侧，头沿垂直轴由左前右后绕至左侧。

　　（2）动作要领：均匀转动，重心要稳。

　　（3）易犯错误：动作不充分，过快。

　　（4）动作提示：控制身体平衡和速度。

你知道吗？

　　加强头颈的训练，既可以收紧颈部肌肉、减少脂肪，又可以提高头颈的灵活性，预防颈部骨质增生。下面是我们为您准备的美颈健美组合，不要犹豫，立刻行动起来吧！

美颈健美操组合：4×8拍

　　1　　　　　2　　　　3～4　　　5～6　　　7～8

图2-1-7

第一个八拍（图2-1-7）：

1拍：两脚开立，左侧顶髋，左手扶左髋；

2拍：两脚开立，右侧顶髋，右手扶右髋；

3～4拍：上体左转，向左顶髋，左后甩头；

5～6拍：身体左转90度，双腿屈膝下蹲，左脚尖前点地，双臂下垂，头后仰；

7～8拍：左转90度，双脚还原成直立。

　　1　　　　　2　　　　　3　　　　　4

　5　　　　&　　　　6　　　　7　　　　&　　　　8

图2-1-8

第二个八拍（图2-1-8）：

1～4拍：右左脚之字步向前各一次；

5～6拍：右脚侧出一步成开立，左右甩头3次，跳收右脚；

7～8拍：同5～6拍方向相反。

图2-1-9

第三个八拍（图2-1-9）：
1拍：两腿交叉，两手头上交叉；
2拍：右脚侧出一步成马步，两手侧平；
3～4拍：双手扶头绕环一周；
5拍：重心左移成左弓步，同时左手侧平举，左侧转头看左手；
6拍：左腿屈膝点地成丁字步，身体左转，双臂前平举；
7拍：双臂上举，仰头；
8拍：双臂后甩，同时右脚后点地成弓步。

图2-1-10

第四个八拍（图2-1-10）：

1拍：双腿屈膝并拢，顶右肩；
2拍：换右肩前顶；
3～4拍：同1～2拍动作，但方向相反；
5～6拍：右腿向右滑步，双臂经屈成侧上举；
7～8拍：左腿屈膝点地成丁字步，双臂下垂。

 温馨提示：这节美颈操，刚开始不要做太快，您可以先两拍一动，尽量伸展梳理颈部，适应后逐渐加快速度，可循环练习。

（二）肩部动作

1. 提肩和沉肩（图2-1-11）

1　　　2

图2-1-11　提肩和沉肩

（1）动作方法：肩关节沿垂直轴做上下运动。
（2）动作要领：上提肩时两大臂内收，沉肩时加力下行。
（3）易犯错误：提肩时两臂外展，夹颈椎。
（4）动作提示：提肩沉肩都加力。

2. 扣肩和展肩（图2-1-12）

1　　　2

图2-1-12　扣肩和展肩

（1）动作方法：单肩或双肩向内收，含胸，然后再外展挺胸。
（2）动作要领：向前收肩含胸，向后收肩挺胸。

（3）易犯错误：动作不充分，幅度小。

（4）动作提示：加大幅度和力度。

（5）动作变化：双肩可依次练习也可同时练习。

3. 绕和绕环（图2-1-13）

图2-1-13　绕和绕环

（1）动作方法：肩关节在矢状面内向前或向后做圆周运动。

（2）动作要领：绕不超过360度，绕环需大于360度。

（3）易犯错误：动作不充分，幅度小。

（4）动作提示：控制上体，加大幅度和力度。

你知道吗？

肩部在身体中起着承上启下的作用，如果肩关节的柔韧性和灵活度非常好，那么练习者的动作幅度会很大，姿态会很优美。

（三）胸部动作

1. 含胸和挺胸（图2-1-14）

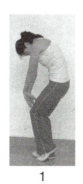

图2-1-14　含胸和挺胸

（1）动作方法：掌心向下，低头含胸；掌心向上，后振抬头挺胸。

（2）动作要领：低头含胸，抬头挺胸。

（3）易犯错误：弯腰低头，动作不连贯。

（4）动作变化：胸部做前后、左右绕环及方向变化。

2. 振胸和移胸（图2-1-15）

图2-1-15　振胸和移胸

（1）动作方法：肩胸部位做前后抖动。
（2）动作要领：抬头挺胸，抖动时节奏清晰，动作幅度大。
（3）易犯错误：弯腰低头，动作不连贯，髋部太放松。
（4）动作变化：移胸、振胸、胸部绕环。

你知道吗？

胸部肌肉是展现健美体型的重要部位，它是男性强健体魄、女性曲线柔美的完美体现。

俏肩美胸组合：4×8拍
第一个八拍（图2-1-16）：

图2-1-16

1拍：右肩绕环，左脚侧一步；
2拍：同1换右脚左肩；
3拍：左膝内扣左肩内扣；
4拍：两腿半屈，双手扶膝；
5～6拍：同3～4拍，方向相反；
7～8拍：提膝还原。
第二个八拍（图2-1-17）：

1~2　　　　3~4　　　　5~8

图2-1-17

1～4拍：右左脚依次各后退一步，同时双臂胸前平屈振胸；
5～8拍：右脚并左脚，双臂胸前平屈振胸四次。
第三个八拍（图2-1-18）：

1（3）　2（4）　　5　　　6　　　7　　　&　　　8

图2-1-18

1拍：右脚上步，抬吸左腿，同时含胸，两手胸前平屈；
2拍：左脚落地，右腿侧摆跳，同时双臂侧平打开；
3～4拍：同1～2拍；
5拍：右脚后点地，两臂经侧成斜上举；
6拍：右脚收在左脚处成丁字步，双臂在体侧；
7～8拍：右左右3次换肩。
第四个八拍（图2-1-19）：

1~2　　　　3~4　　　　5~6　　　7~8

图2-1-19

1～2拍：右脚侧跨步，右臂侧平掌心朝前，左臂胸前平屈掌心向内，扩胸伸臂；
3～4拍：转体180度动作同1～2拍；
5～6拍：抬吸右腿，两手掌心朝前上举；
7～8拍：右脚后点地双臂向下。

（四）髋部动作

1. 顶髋、摆髋、提髋（图2-1-20）

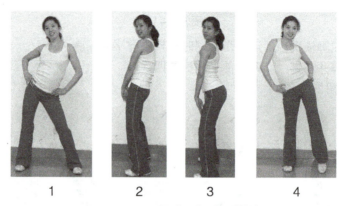

图2-1-20 顶髋、摆髋、提髋

（1）动作方法：髋关节沿垂直轴做上下运动。
（2）动作要领：左右顶髋时支撑腿伸直，髋关节动作幅度大而有弹性，上体舒展挺胸。
（3）易犯错误：重心在两腿之间移动不流畅，四肢不舒展，重心不稳定。
（4）动作提示：髋部幅度要大，全身协调。
（5）动作变化：左右摆髋。

2. 绕和绕环（图2-1-21）

图2-1-21 绕和绕环

（1）动作方法：髋关节在矢状面内向前或向后做圆周运动。
（2）动作要领：绕不超过360度，绕环需大于360度。
（3）易犯错误：动作不充分，幅度小。
（4）动作提示：控制上体，加大幅度和力度。

> **你知道吗？**
>
> 髋部是人体最大的关节，提高其灵活性，能够增强肌肉力量，可以塑造体型，更富曲线美。

美臀组合：4×8拍
第一个八拍（图2-1-22）：

图2-1-22

1拍：后退左脚一步，右脚前点地顶髋绕肩；
2拍：同1拍动作，换方向；
3拍：两脚开立，左脚点地，右顶髋，右臂肩上屈；
4拍：左顶髋，同时左臂右甩；
5～8拍：双手扶髋绕环一周。
第二个八拍（图2-1-23）：

   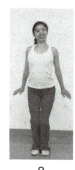

    5   6   7   8

图2-1-23

1拍：左脚侧迈一步，左顶髋，右臂胸前平屈；
2拍：还原成直立；
3～4拍：同1～2拍动作，但方向相反；
5拍：左脚向左迈一步，两脚开立半蹲，立掌双臂侧平举扩胸；
6拍：左脚收回双腿并拢半蹲，双臂向下；
7～8拍：同5～6拍动作。

第三个八拍（图2-1-24）：

     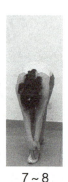

  1   2   3～4   5   6   7～8

图2-1-24

1～2拍：左右脚依次向前直走两步；
3～4拍：双臂上举掌心朝前，左脚前点地；
5～6拍：身体和双臂向后绕环一周至双臂上举；
7～8拍：上体前屈低头，双手扶于左脚。

第四个八拍（图2-1-25）：

1～2拍：右左脚依次打开，右臂侧平举；
3～4拍：右手在头上绕环一周；
5拍：左脚向左侧迈步，右臂从左前方划至右侧；
6拍：同5拍动作，但方向相反；
7拍：吸左腿，右脚提踵，双臂上举；
8拍：左脚前落地，成屈膝半蹲，左前顶髋，手侧下。

图2-1-25

 温馨提示：美臀组合可根据需要与上节美胸动作相结合，作为表演的小套路。速度可慢也可快，既可两拍一动也可一拍一动，时间长短也可自行控制。

（五）手臂动作

1. 屈、伸和举（图2-1-26）

图2-1-26 屈、伸和举

（1）动作方法：肌肉收缩使关节产生屈和伸的活动过程。包括手臂的屈伸、手腕的屈伸和肘关节的屈伸。

（2）动作要领：前后屈时，动作充分，匀速缓慢，不可过急过猛。

（3）动作变化：胸前平屈，胸前上屈，肩上侧屈、侧伸。

（4）易犯错误：动作不到位，幅度小，过快。

（5）动作提示：上体保持直立，不能弯腰并控制速度。

2. 举臂、摆臂（图2-1-27）

图2-1-27 举臂、摆臂

（1）动作方法：以肩关节为轴，大臂小臂做上下、前后摆动。

（2）动作要领：臂的活动范围不超过180度。

（3）易犯错误：动作幅度小，手臂肌肉没发力。

（4）动作提示：动作要充分，有控制，手臂快且突然用力。

3. 环绕（图2-1-28）

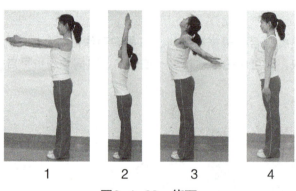

图2-1-28 绕环

（1）动作方法：以肩关节为轴，双臂或单臂向内、外、前、后做180度以上绕环。

（2）动作要领：大臂、小臂用力伸展做大幅度转动，重心要稳。

（3）易犯错误：动作路线太小，上肢控制不好。

（4）动作提示：控制身体平衡和速度。

你知道吗？

上肢动作是由手臂的自然摆动、力量练习以及基本体操的徒手动作和舞蹈组成的，形式多种多样，正确的上肢姿态对整个身体姿态的完善及动作的艺术风格起着重要的作用。

紧实美臂组合：4×8拍

第一个八拍（图2-1-29）：

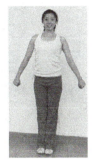

图2-1-29

1～2拍：握拳两手臂侧下；
3～4拍：两手胸前屈臂交叉；
5～6拍：直臂斜上举；
7～8拍：还原。

第二个八拍（图2-1-30）：

图2-1-30

由拳变掌重复1×8拍动作。

第三个八拍（图2-1-31）：

图2-1-31

1拍：两手握拳胸前平屈；
2拍：两手臂侧平举；
3拍：两手直臂上举；
4拍：两手臂侧平举；
5～7拍：重复1～3拍；
8拍：还原。

第四个八拍（图2-1-32）：

图2-1-32

1拍：右手肩侧屈左手侧上举；
2拍：同1拍动作但方向不同；
3拍：两手体前右手侧下举，左手侧上举；
4拍：侧平举；

5拍：右手上举，左手体侧下伸；

6拍：双臂屈肘胸前交叉；

7拍：双臂侧下举；

8拍：还原。

第二节　健美操的基本步伐

一、无冲击步伐

1. 弹动（图2-2-1）

图2-2-1　弹动

（1）动作方法：膝关节有弹性地屈伸，两脚始终接触地面。

（2）动作要领：膝关节由弯曲到还原，应始终处于微屈状态。

（3）动作变化：并腿弹动，分腿弹动。

（4）易犯错误：膝关节弯曲时髋部也弯曲，重心下垂。

（5）动作提示：弹动过程中腿要有蹬直的过程，上体直立。

2. 半蹲（图2-2-2）

图2-2-2　半蹲

（1）动作方法：两腿有控制地屈伸，两腿可开立也可并拢。

（2）动作要领：分腿略大于肩，膝关节不能超出脚尖。

（3）动作变化：并步半蹲、迈步半蹲等。
（4）易犯错误：下蹲时膝关节超出脚尖。
（5）动作提示：上体直立，臀部后移下坐。

3. 弓步（图2-2-3）

图2-2-3　弓步

（1）动作方法：腿向前迈步屈膝，另一腿伸直。
（2）动作要领：迈步屈膝时步幅要大，动作充分，后腿伸直。
（3）动作变化：前弓步、后弓步、左弓步、右弓步及弓步跳。
（4）易犯错误：步幅太小，弓步时膝踝不在一条线上，塌腰。
（5）动作提示：上体保持直立，不能弯腰，且要控制速度。

二、低冲击步伐

1. 踏步、走步和一字步（图2-2-4）

1　　　2　　　3　　　4　　　5　　　6

图2-2-4　踏步、走步和一字步

（1）动作方法：两脚依次抬起落地，左右或前后移动，由前脚掌过渡到全脚掌落地。
（2）动作要领：大腿高抬，落地柔软，有弹性。收腹挺胸，手臂自然摆动。
（3）动作变化：前后移动、四个方向的走步及一字步。
（4）易犯错误：动作不到位，幅度小。
（5）动作提示：上体保持直立，方向变化时上体及时跟上。

2. 曼步（图2-2-5）

（1）动作方法：一脚向前迈一步，屈膝，重心随之前移，另一脚稍抬起后原地落下，或向后迈一步，重心后移，另一脚同样稍抬起然后落回原处。

图2-2-5　曼步

（2）动作要领：左右脚在移动中重心要跟上，上体前倾。
（3）动作变化：转体的曼步，跳的曼步等。
（4）易犯错误：上步动作不到位，幅度太小，重心在两腿之间移动不灵活。
（5）动作提示：上体保持直立，不能弯腰，且要控制速度。

3. V字步（图2-2-6）

图2-2-6　V字步

（1）动作方法：左脚向斜前方迈一步，右脚向右斜前方迈一步，接着左脚收回，右脚还原。
（2）动作要领：上步脚尖和腿是一致的，上体面向前方。
（3）动作变化：前后左右都可以做V字步。
（4）易犯错误：动作不到位，幅度小，动作不舒展。
（5）动作提示：上体保持直立，方向性要把握好。

4. 点地（图2-2-7）

图2-2-7　点地

（1）动作方法：一腿屈膝，另一腿前伸脚跟点地。
　　（2）动作要领：一脚脚尖或脚跟触地，另一腿稍屈膝。
　　（3）动作变化：脚尖前后点地、侧点地，脚跟点地。
　　（4）易犯错误：动作幅度小，姿态松懈，两腿交换慢。
　　（5）动作提示：上体保持直立，不能弯腰，脚点地幅度尽可能大。

5. 并步（图2-2-8）

图2-2-8　并步

　　（1）动作方法：一脚向侧迈一步，另一脚并拢屈膝点地。
　　（2）动作要领：身体重心高抬，膝关节有节奏的屈伸。
　　（3）动作变化：迈步点地、前后点地等。
　　（4）易犯错误：动作和方向不一致，迈步的步幅太小。
　　（5）动作提示：上体保持直立，动作轻松有弹性。

6. 交叉步（图2-2-9）

图2-2-9　交叉步

　　（1）动作方法：一脚向侧迈一步；另一脚在其后交叉，随之再向侧迈一步，另一腿并拢或屈膝点地。
　　（2）动作要领：身体重心高抬，膝关节有节奏地屈伸。
　　（3）动作变化：左右交叉步；转体交叉步。
　　（4）易犯错误：不屈膝弹动，迈步的步幅太小。
　　（5）动作提示：上体保持直立，双腿交叉时屈膝。

7. 吸腿（图2-2-10）

　　（1）动作方法：一腿支撑，另一腿膝关节弯曲上抬。

图2-2-10 吸腿

（2）动作要领：支撑腿保持直立，身体重心高抬、平稳。
（3）动作变化：向前吸腿，向侧吸腿，转体吸腿等。
（4）易犯错误：低头含胸，两腿交替不流畅，动作不到位。
（5）动作提示：上体保持直立，全身协调舒展，脚面绷直。

8. 弹踢（图2-2-11）

图2-2-11 弹踢

（1）动作方法：一腿支撑，另一腿抬起。
（2）动作要领：支撑腿伸直脚跟不离地，抬起的腿要有控制，上体保持直立。
（3）动作变化：向前踢、向侧踢。
（4）易犯错误：低头含胸，两腿交替不流畅，动作不到位。
（5）动作提示：上体躯干保持直立，支撑腿伸直，弹踢腿脚面绷紧。

修塑美腿组合4×8拍

第一个八拍（图2-2-12）：

1～4拍：右脚连续做两个并步，手臂前后自然摆动；

5～8拍：右脚向前做曼步，同时连续转身180度，手臂前后自然摆动。

第二个八拍（图2-2-13）：

1～2拍：右脚侧出一步成马步，两手扶膝关节；

3～4拍：还原时手自然下垂；

5～7拍：左脚连续两次侧点地，同时左臂右冲拳两次；

8拍：左脚点地成丁字步，双臂屈肘收腰间。

1～4　　　　　　5～8

图2-2-12

1～2　　3～4　　5　　　6　　　7　　　8

图2-2-13

第三个八拍（图2-2-14）：

1　　　　2　　　　3　　　　4

5　　　　6　　　　7　　　　8

图2-2-14

1拍：右脚后撤一步成弓步，手臂胸前上屈；
2拍：还原成直立，双臂屈肘收腰间；
3～4拍：动作同1～2拍，但方向相反；
5～8拍：重复1～4动作。
第四个八拍（图2-2-15）：

图2-2-15

1～4拍：右脚向右做交叉步，手臂体前绕环；
5～8拍：左脚依次前点、后点、前踢、还原，手臂自然摆动。

三、高冲击步伐

1. 小马跳（侧并小跳，图2-2-16）

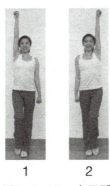

图2-2-16 小马跳

（1）动作方法：一脚向侧迈一步同时跳起，另一脚迅速并拢成屈膝，同时脚点地跳。
（2）动作要领：支撑腿伸直，身体直立，点地脚并拢再跳一次。
（3）动作变化：前后左右四个方向都可以跳，也可单独跳。
（4）易犯错误：动作不到位，幅度小，过快。
（5）动作提示：上体保持直立，不能弯腰，且要控制速度。

2. 开合跳（图2-2-17）

图2-2-17　开合跳

（1）动作方法：两脚同时跳起并分开左右。
（2）动作要领：身体重心高抬，起跳高，幅度大。
（3）动作变化：可直腿跳也可以前后跳、屈膝蹲跳、转体跳。
（4）易犯错误：跳起高度低，动作不到位。
（5）动作提示：挺拔直立，身体舒展。

修塑美腿组合：4×8拍

第一个八拍（图2-2-18）：

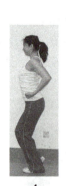

图2-2-18

1～8拍：右脚做4个并步走L形，手臂由侧上举后收回腰间，一拍一动。

第二个八拍（图2-2-19）：

1～3拍：右脚侧交叉步一次；手臂前伸收回一拍一动；

4拍：左腿后屈；

5～7拍：动作相同，方向相反；

图2-2-19

8拍：右腿后屈。

第三个八拍（图2-2-20）：

图2-2-20

1～4拍：右左脚依次做吸腿跳，同侧手臂侧平举；
5～8拍：右左腿向前大踢腿，同侧手臂侧平伸。
第四个八拍（图2-2-21）：

图2-2-21

1拍：左脚侧迈一步；
2拍：左脚起跳，右脚后摆，一手臂前平举，另一手臂侧平举；
3～4拍：右脚于左脚前做交叉曼步，一手臂胸前平屈，另一手臂体后平屈；
5～6拍：两脚依次做小马跳，手臂上举自然摆动；
7～8拍：并腿小跳2次，手臂收在腰间。

3. 迈步后屈腿跳（图2-2-22）

图2-2-22 迈步后屈腿跳

（1）动作方法：一腿支撑，另一腿向后做由下至上的摆动，然后还原。

（2）动作要领：支撑腿保持弹性，脚跟靠近臀部，注意缓冲。
（3）动作变化：向前迈步后屈腿、向侧迈步后屈腿。
（4）易犯错误：动作不到位，没有缓冲，幅度小，过快。
（5）动作提示：挺拔直立，身体舒展，后屈腿有力度。

4. 摆腿跳（图2-2-23）

图2-2-23　摆腿跳

（1）动作方法：一腿支撑，另一腿向各个方向做由下至上的摆动动作。
（2）动作要领：摆动腿动作充分，各个关节伸直。
（3）动作变化：前后左右摆腿跳。
（4）易犯错误：支撑腿弯曲，摆腿高度低。
（5）动作提示：上体保持直立，不能弯腰，且要控制速度。

5. 后踢腿跑（图2-2-24）

图2-2-24　后踢腿跑

（1）动作方法：两腿依次后屈腿跳起。
（2）动作要领：依次跳起，重心平稳，落地有缓冲。
（3）动作变化：原地跑、向前跑、向后跑、弧线跑、转体跑。
（4）易犯错误：重心太低，后踢高度不够。
（5）动作提示：臀部夹紧，小腿高踢。

修塑美腿组合：4×8拍
第一个八拍（图2-2-25）：

图2-2-25

1～4拍：右脚前上一步，左提膝连续两次，手前平举然后收至腰间；

5～6拍：右左脚依次向前做前点地跳一次，手臂自然摆动；

7拍：开合跳，左手叉腰，右臂肩侧屈；

8拍：还原。

第二个八拍（图2-2-26）：

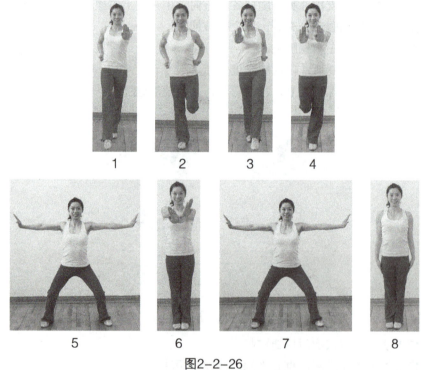

图2-2-26

1～4拍：右左脚依次做弹踢腿跳一次，两手臂依次前伸推掌；

5～8拍：左右脚依次做侧步半蹲后还原，手臂平举-交叉2次。

第三个八拍（图2-2-27）：

1～2拍：右脚上步左腿提膝，手臂前伸还原；

3拍：左脚向左小跳同时摆腿，右手臂侧举左手臂肩侧屈；

4拍：然后跳成并立，手臂还原；

图2-2-27

5拍：开合跳，左手臂侧举右手臂肩侧屈；

6拍：还原；

7～8拍：同5～6拍动作，手臂动作相反。

第四个八拍（图2-2-28）：

图2-2-28

1～4拍：左右脚依次做后踢腿跳，跳两次，手臂向前绕环；

5～8拍：小马跳两次，左右手臂上下摆动。

你知道吗？

下肢是支撑人体的主要部位，加强下肢的锻炼，可使腿部修长、线条柔和、富有活力。结实紧致的肌肉更能表现出青春靓丽。

小贴示：

★ 针对大腿的练习最经典的就是深蹲：直立，双脚与肩同宽，慢慢蹲到最低处，再慢慢站起来，2秒下2秒起。刚开始可以无负重蹲起，练习一段时间后可以进行负重练习！每次练习6～8组，每组10～15次（根据负重递减）。

★ 针对于小腿的练习最经典的就是提踵：直立、坐姿都可，慢慢踮起脚尖，感觉小腿肌肉充分收缩，再慢慢放下。每次练习3～4组，每组15～20次（记得要做2组热身，就是不要完全收缩，半程动作即可，否则容易抽筋）。

★ 局部运动只能暂时使身体的一部分得到强化，若想强壮体魄、拥有健美匀称的身材，还得持之以恒地做有氧运动。

思考题：

1. 根据健美操基本运动创编4×8拍组合。
2. 根据教材提供的组合，任选两组进行串练。

第三章 健美操完整套路实践

第一节 青春律动健美操

【组合一】

1×8拍（图3-1-1）：

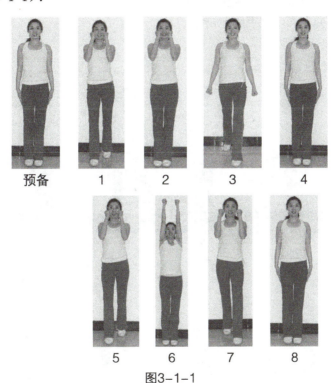

图3-1-1

1拍：右脚向前上步，双臂胸前屈；
2拍：左脚向前并右脚，双臂胸前屈；
3拍：右脚后退，双臂下举；
4拍：左脚后退并右脚，双臂下举；
5拍：右脚向前上步，双臂胸前屈；
6拍：左脚向前并右脚，双臂上举；
7拍：右脚后退，双臂胸前屈；
8拍：还原成直立。

2×8拍（图3-1-2）：

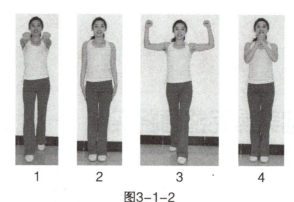

图3-1-2

1拍：右脚向前上步，双臂前举；
2拍：左脚上步并右脚，双臂后摆至下举；
3拍：右脚后退，双臂继续后摆至肩侧屈；
4拍：左脚后退并右脚，双手胸前击掌；
5～8拍：同1～4拍动作。

3×8拍（图3-1-3）：

图3-1-3

1拍：右脚向右侧一步，右臂肩侧屈；
2拍：左脚丁字步并于右脚，双臂下举；
3拍：左脚向左侧一步，左臂肩侧屈；
4拍：右脚丁字步并于左脚，双臂下举；
5拍：右脚向右侧一步，双臂胸前平屈；

6拍：左脚丁字步并于右脚，双臂下举；
7～8拍：同5～6拍动作，但方向相反。
4×8拍（图3-1-4）：

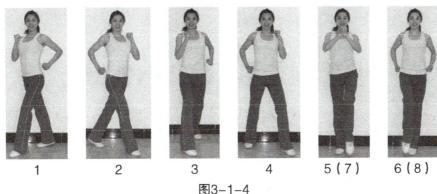

图3-1-4

1拍：左脚向右前方上步，双臂自然摆动；
2拍：右脚向左前方上步，双臂自然摆动；
3拍：左脚向左后方后退，双臂自然摆动；
4拍：右脚向右后方后退，双臂自然摆动；
5～8拍：踏步，双手胸前击掌2次。

【组合二】
1×8拍（图3-1-5）：

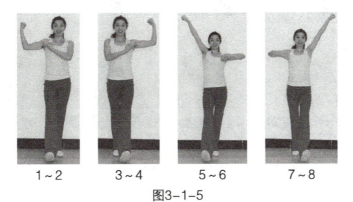

图3-1-5

1～2拍：右脚开始前点地，双臂屈臂右摆；
3～4拍：左脚前点地，双臂屈臂左摆；
5～6拍：右脚前点地，双臂右摆成右臂侧上举，左臂胸前平屈；
7～8拍：左脚前点地，双臂左摆成左臂侧上举，右臂胸前平屈。
2×8拍（图3-1-6）：
1～4拍：右脚开始向右划弧转270度，双臂自然摆动；
5拍：并腿半蹲，双臂前举；
6拍：站立，右臂胸前平屈同时上体右转；
7拍：并腿半蹲，双臂前举；
8拍：还原成直立。

图3-1-6

3×8拍（图3-1-7）：

图3-1-7

1拍：左脚向前成弓步，双臂前举；
2拍：吸右腿，双臂屈臂后拉至腰间；
3拍：左脚向前成弓步，双臂前举；

4拍：右转90度，直立；
5～8拍：动作同1～4拍，但右脚上步吸腿。
4×8拍（图3-1-8）：

图3-1-8

1拍：左脚向左一步，双臂屈肘前摆；
2拍：重心左移，右腿后屈，双臂屈肘后摆；
3拍：右脚向右一步，双臂屈肘前摆；
4拍：重心右移，左腿后屈，双臂屈肘后摆；
5～8拍：同1～4动作。

【组合三】
1×8拍（图3-1-9）：

图3-1-9

1拍：右脚向右一步，双臂侧下举；
2拍：左脚后交叉，双臂侧平举，五指张开，掌心向前；
3拍：右脚向右一步，双臂头上交叉；
4拍：左脚并右脚成丁字步，双臂胸前平屈；
5～6拍：左脚向左一步半蹲，双手握拳前举；
7～8拍：还原成直立。

2×8拍（图3-1-10）：
1拍：右脚侧点地，左臂屈臂后拉至腰间，右臂左前举，同时上体左转；
2拍：右脚还原，双臂屈肘至腰间；
3～4拍：同1～2拍动作，方向相反；

图3-1-10

5拍：右脚侧点地，左臂屈臂后拉至腰间，右臂左前举，同时上体左转；
6拍：右脚并左脚成丁字步，双臂屈肘后拉至腰间；
7拍：右脚侧点地，左臂屈臂后拉至腰间，右臂左前举，同时上体左转；
8拍：还原成直立。

3×8拍（图3-1-11）：

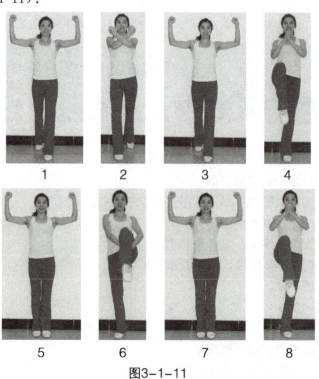

图3-1-11

1～3拍：右脚开始向前3步，双臂肩侧屈和胸前交叉交替；

4拍：吸右腿，双臂胸前击掌；

5拍：右脚并左脚，双臂肩侧屈；

6拍：吸左腿，双手腿下击掌；

7拍：左脚并右脚，双臂肩侧屈；

8拍：吸右腿，双手胸前击掌。

4×8拍：动作同3×8拍，右脚开始后退3步。

【组合四】

1×8拍（图3-1-12）：

图3-1-12

1拍：右脚右前方上步，右臂侧上举；

2拍：左脚向左前方上步，双腿半蹲，双臂侧上举；

3～4拍：右脚和左脚依次后退，双手胸前击掌2次；

5拍：右脚右后方后退一步，右臂侧斜下方；

6拍：左脚左后方后退一步，双腿半蹲，双臂侧斜下举；

7拍：右脚还原，双臂胸前击掌；

8拍：左脚并右脚，双臂胸前击掌。

2×8拍（图3-1-13）：

1拍：右脚前踢，双臂前举；

2拍：左脚后屈，双臂下举；

3～4拍：同1～2拍动作，但方向相反；

5拍：右脚前踢，双臂前举；

6拍：右腿屈膝，双臂胸前平屈；

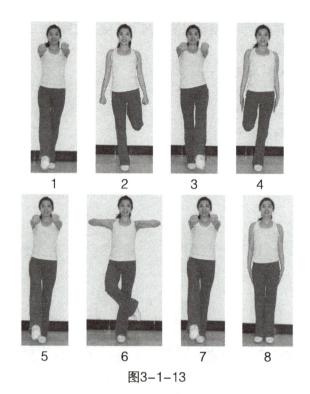

图3-1-13

7拍：右脚前踢，双臂前举；
8拍：还原成直立。
3×8拍（图3-1-14）：

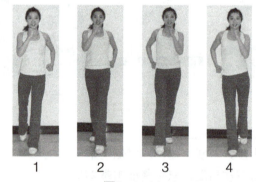

图3-1-14

1～2拍：左脚曼步向前，双臂自然摆动；
3～4拍：左脚向后曼步，上臂自然摆动；
5～8拍：同1～4拍动作。
4×8拍（图3-1-15）：
1拍：左脚向左一步，右臂胸前平屈；
2拍：右脚向后交叉，右臂左下举；
3～4拍：同1～2拍动作，但方向相反；
5拍：右脚向左一步，右臂侧上举；
6拍：右脚向后交叉，右臂左下举；

图3-1-15

7～8拍：同5～6拍动作，但方向相反。

 小贴士： 练习前先要把身体充分活动开，尤其是各个关节，以免练习过程中受伤，练习后要注重身体的放松拉伸，以使肌肉线条更加优美流畅。

练习提示： 这节青春律动健身操的特点是流畅、舒展、激情奔放，所采用的动作素材全是健美操的基本动作，既简单易学，又方便实用，开始练习时可先以组合为单位进行徒手反复练习，动作熟练后再配合手臂的操化动作完整练习。整套动作既可作为健身的基本套路，又可作为表演套路展示。

第二节　激情飞扬健美操

【组合一】

1×8拍（图3-2-1）：

1拍：右脚向左前方上步，右臂侧平举；

2拍：左脚向右前方上步，双臂侧平举；

3拍：右脚右后方后退，双臂上举；

4拍：左脚左后方后退，双臂侧下举；

5～8拍：右脚开始后退4步，双臂自然摆动。

2×8拍：同1×8拍动作，但方向相反。

   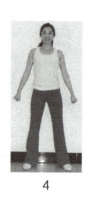 

1　　　　　2　　　　　3　　　　　4　　　　5（7）　　6（8）

图3-2-1

3×8拍（图3-2-2）：

1～2　　　　　3　　　　　4～5　　　　　6　　　　　7～8

图3-2-2

1～2拍：右脚向右前方上步做曼步，右手前举；
3拍：右脚向右侧一步，双臂腰侧屈；
4～5拍：左脚向右前方做曼步，左脚前举；
6拍：左脚左后方后退，双臂屈臂胸前交叉；
7～8拍：右脚向左后方后退曼步，双臂下举。

4×8拍（图3-2-3）：

1　　　&　　　2　　　　3～4　　　　　5～6　　　　　7～8

图3-2-3

1～2拍：右脚向侧恰恰，屈左臂自然摆动；
3～4拍：左脚向右前方做曼步，双臂前举；
5～6拍：左脚向侧做曼步，双臂侧平举；

7～8拍：左脚右后方做曼步，双臂下举。

【组合二】

1×8拍（图3-2-4）：

图3-2-4

1～2拍：右脚向右侧滑步，右臂侧上举，左臂侧平举；
3～4拍：左脚右后方做曼步，双臂侧下举；
5～6拍：左脚向左前方做侧并步，双手胸前击掌3次；
7～8拍：右脚右后方做侧并步，双臂腰侧屈。

2×8拍（图3-2-5）：

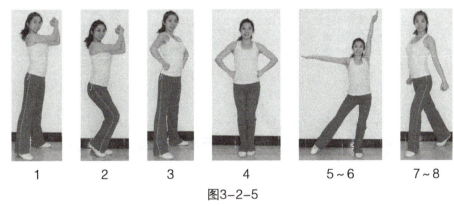

图3-2-5

1～2拍：左脚左后方做侧并步，双臂胸前击掌3次；
3～4拍：右脚向右前方做侧并步，双臂腰侧屈；
5～6拍：左脚向左滑步，左臂侧上举，右臂侧平举；
7～8拍：右脚向后方做曼步，双臂侧下举。

3×8拍（图3-2-6）：

1拍：右转90度，右脚上步成弓步，双臂前举；
2拍：吸左腿，双臂后拉收于腰间；
3～4拍：同1～2拍动作；
5～7拍：V字步左转90度，双臂由右至左摆动；
8拍：还原成直立。

4×8拍（图3-2-7）：

1拍：吸左腿，双臂胸前平屈；

1(3)　　2(4)　　5　　6　　7　　8

图3-2-6

1　　2　　3　　4

5　　6　　7　　8

图3-2-7

2拍：左脚侧点地，左臂上举；

3拍：吸左腿，双臂胸前平屈；

4拍：还原成直立；

5～8拍：同1～4拍动作，但方向相反。

【组合三】

1×8拍（图3-2-8）：

1拍：右脚向右侧一步，双臂屈肘放于腰间；

2拍：左脚并右脚跳，双臂上举；

3拍：右脚向右侧一步，双臂屈肘放于腰间；

4拍：右转90度，双臂屈肘放于腰间；

5拍：左脚向前上一步，双臂前举；

6拍：右脚后交叉，双臂屈肘放于腰间；

图3-2-8

7拍：左脚向前上一步，双臂前举；
8拍：右脚后交叉，上体左转90度，同时双臂侧下举。
2×8（图3-2-9）：

图3-2-9

1～4拍：身体右转90度，右脚向右做并步跳，同1×8拍的1～4拍动作；
5拍：左转90度，左脚向侧弓步，右臂前下举；
6拍：右脚并左脚，双臂腰后屈；
7拍：同5拍动作，但方向相反；
8拍：还原成直立。
3×8拍（图3-2-10）：
1拍：左脚向前一步，双臂肩侧屈；
2拍：右脚并左脚，双臂下举；
3拍：左脚后退一步，双臂胸前屈；

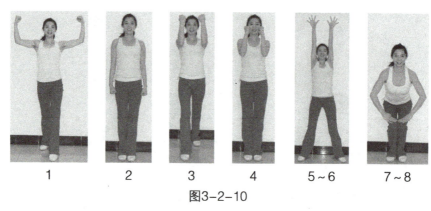

　　　1　　　2　　　3　　　4　　　5~6　　　7~8

图3-2-10

4拍：右脚并左脚，双臂胸前屈；

5~6拍：左右脚依次跳开，双臂上举；

7~8拍：左右脚依次并拢，双腿屈膝下蹲，双手放膝上。

4×8拍（图3-2-11）：

　　1　　　2　　　3　　　4　　　5,7　　　6　　　8

图3-2-11

1拍：右脚向后退一步，双臂屈臂胸前交叉；

2拍：左脚后退并右脚，双臂侧下举；

3拍：原地双脚小跳，同时双臂屈臂胸前交叉；

4拍：双脚跳开，双臂侧下举，开掌掌心向前；

5拍，7拍：双脚依次并拢，双臂屈臂胸前交叉；

6拍：双脚依次跳开，双臂侧下举，开掌掌心向前；

8拍：双脚依次并拢，双臂侧下举。

【组合四】

1×8拍（图3-2-12）：

1~2拍：右脚向侧小马跳，右臂体侧内绕环，左臂腰侧屈；

3~4拍：右转90度，左脚向前小马跳，左臂体侧内绕环，右臂腰侧屈；

5~8拍：同1~4拍动作。

2×8拍（图3-2-13）：

1~4拍：右脚开始向右后弧形跑4步，右转270度，双臂屈臂自然摆动；

5~6拍：双腿跳开屈膝半蹲，双臂虎口放于双膝；

7拍：双脚跳并拢，双臂胸前击掌；

1~2　　3~4　　5~6　　7~8

图3-2-12

1　　2　　3　　4　　5~6　　7　　8

图3-2-13

8拍：还原成直立。

3×8拍（图3-2-14）：

图3-2-14

1拍：右脚向右前方上步，双臂屈臂胸前交叉；
2拍：左腿后屈，右臂前举，左臂上举；
3拍：左脚右后退，双臂屈臂胸前交叉；
4拍：右脚并左脚，双臂腰侧屈；
5～8拍：同1～4拍动作，但身体右转90度。
4×8拍（图3-2-15）：

图3-2-15

1拍：右脚侧点地，右臂前下举；
2拍：右脚还原，双臂腰侧屈；
3拍：左脚侧点地，左臂前下举；
4拍：左脚还原，双臂腰侧屈；
5拍：右脚后退一步，屈膝半蹲，双臂胸前平屈；
6拍：向前转髋，双臂前推；
7拍：右脚后退一步，屈膝半蹲，双臂胸前平屈；
8拍：还原成直立。

练习提示：有了第一节健身操的练习基础，再进行健身操练习时，自身的协调性和身体素质会进步不少，在这种情况下我们给大家安排了激情飞扬健身操，既保留了健身的基本元素，又对身体能力有了更高的要求，再加上旋转和流畅的步伐变化，肯定会为你的健身过程增添不少乐趣。快快做好热身，尽情挥洒吧！不要忘了健身后要做拉伸练习哦！

思考题：

1. 根据套路的基本动作元素，创编16个八拍的小组合？
2. 你能说说这套操的动作特点吗？

第三节　活力四射健美操

【组合一】

1×8拍（图3-3-1）：

图3-3-1

1拍：右脚向右一步，半蹲，双臂下举；

2拍：左腿后屈，双臂右摆，右臂侧上举，左臂胸前平屈；

3拍：右转90度，左脚向前一步，双臂下举；

4拍：右腿后屈，双臂左摆，左臂侧上举，右臂胸前平屈；

5拍：右转90度，右脚向右一步，双手腰侧屈；

6拍：左腿后屈，双臂腰侧屈；

7～8拍：同5～6拍动作，但继续向右转身90度。

2×8拍（图3-3-2）：

1拍：右脚右前方上步，右臂侧上举；

2拍：左脚想左前方上步，双臂侧上举；

3～4拍：右脚左后方曼步，上臂自然摆动；

5拍：右脚向侧一步，上步侧上举；

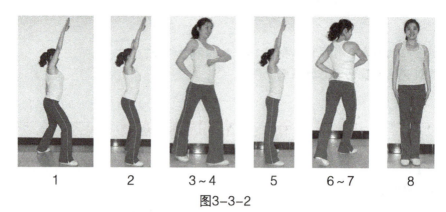

图3-3-2

6～7拍：左脚右后方退步做曼步，双臂自然摆动；
8拍：右转135度，还原成直立。
3×8拍（图3-3-3）：

图3-3-3

1拍：右脚向右一步，双臂前举；
2拍：左脚后交叉，双臂屈肘后拉于腰间；
3拍：右脚向右一步，双臂前举；
4拍：左脚后屈，双臂胸前击掌；
5～8拍：同1～4拍动作，但右转90度。
4×8拍（图3-3-4）：
1～2拍：右脚向右做恰恰，双臂侧上举；
3～4拍：左脚右后退做曼步，双臂自然摆动；
5～6拍：左转90度，右脚点地小马跳，右臂上举；

图3-3-4

7～8拍：左脚点地小马跳，左臂上举。

【组合二】

1×8拍（图3-3-5）：

图3-3-5

1拍：右脚向右前方上步，双臂屈臂在体侧自然摆动；

2拍：吸左腿，双臂自然摆动；

3～4拍：同1～2拍动作；

5拍：右脚向右前方上步，双臂屈臂在体侧自然摆动；

（5拍和6拍间：右脚后退并左脚，双臂自然摆动；）

6拍：左脚向左前方上步，双臂自然摆动；

7～8拍：同1～2拍动作。

2×8拍（图3-3-6）：

1拍：左脚向右前方上步，双臂左下摆，左臂侧下，右臂胸前平屈；

图3-3-6

2拍：右脚向右一步，双臂屈臂胸前屈；
3拍：左脚右后退步，双臂右下摆，右臂侧下，左臂胸前平屈；
4拍：右脚向侧一步，双臂胸前交叉；
5～6拍：左脚向左前方做曼步，双臂肩侧屈；
7～8拍：左脚后退曼步，双臂下举。
3×8拍（图3-3-7）：

图3-3-7

1～4拍：左脚开始向左前方做十字步，同时左转180度，双臂自然摆动；
5～6拍：左脚向左前方做恰恰，双臂自然摆动；
7～8拍：右脚向右前方做恰恰，双臂自然摆动。
4×8拍（图3-3-8）：
1拍：左脚向前一步，双臂前举；
2拍：右脚向前并左脚，双臂胸前平屈；

图3-3-8

3拍：左脚后退，双臂下举；

4拍：右脚后退并左脚，双臂下举；

5～8拍：右转90度，同1～4拍动作。

【组合三】

1×8拍（图3-3-9）：

图3-3-9

1拍：右脚侧点地，右臂前下举，左臂屈肘抱拳于腰间；
2拍：右脚还原，左臂胸前屈；
3拍：左脚侧点地，左臂前下举，右臂屈肘抱拳于腰间；
4拍：左脚还原，右臂胸前屈；
5拍：右脚侧点地，右臂前下举，左臂屈肘抱拳于腰间；
6拍：还原成直立；
7~8拍：左脚开始向前两步，双手胸前击掌。
2×8拍（图3-3-10）：

图3-3-10

1拍：吸左腿，双臂上举；
2拍：左脚点地并于右脚，上步胸前平屈；
3拍：吸左腿，双臂上举；
4拍：左腿后退成弓步，双臂腰侧屈；
5拍：重心后移吸右腿，双臂腰侧屈；
6拍：右脚后退成弓步，双臂腰侧屈；
7拍：向后转身180度，双臂腰侧屈；
8拍：吸左腿，双臂侧屈。
3×8拍（图3-3-11）：
1~3拍：左脚开始向前走3步，双臂经前后摆至肩侧屈；
4拍：左转180度，吸右腿，双臂胸前击掌；
5~8拍：同1~4拍动作，但向前行进。
4×8拍（图3-3-12）：

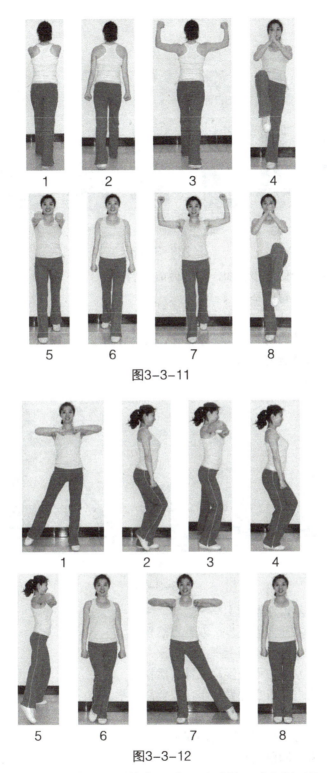

图3-3-11

图3-3-12

1～2拍：左脚向侧做侧并步，同时转身90度，双臂做屈臂上提下拉；
3～4拍：右脚向侧做侧并步，双臂做屈臂上提下拉；
5～6拍：左脚向侧做侧并步，双臂做屈臂上提下拉，同时右转90度；
7～8拍：右脚向侧做侧并步，双臂做屈臂上提下拉。

【组合四】

1×8拍（图3-3-13）：

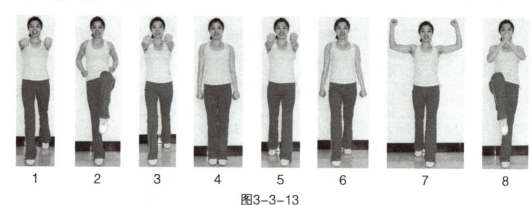

图3-3-13

1～2拍：右脚开始做上步吸腿，双臂做前举后拉；
3拍：左脚后退，双臂前举；
4拍：还原成直立；
5～7拍：左脚开始向前3步，双臂经前后摆至肩侧屈；
8拍：吸右腿，双臂胸前击掌。

2×8拍（图3-3-14）：

图3-3-14

1拍：右脚向侧一步，双臂侧上举；
2～3拍：左脚向右前方做曼步，双臂自然摆动；
4拍：右脚向侧一步，双臂侧上举；
5～6拍：右脚向左前方做曼步，双臂自然摆动；
7～8拍：右脚向右后方后退做曼步，双臂后下举。

3×8拍（图3-3-15）：

1拍：右脚向左前方上步，双臂肩侧屈；
2拍：吸左腿，双臂胸前击掌；
3～4拍：同1～2拍动作，但方向相反；
5～6拍：同1～2拍动作；
7～8拍：左脚向左前方做曼步，双臂自然摆动。

4×8拍（图3-3-16）：

图3-3-15

图3-3-16

1拍：左转90度，左脚向侧一步，双臂做外展；

2拍：右脚后交叉，双臂做内收；

3拍：左脚向侧一步，双臂做外展；

4拍：左转180度，右腿后屈，双臂胸前击掌；
5～8拍：同1～4拍动作，但方向相反。

小贴士： 练习前做好准备活动，旋转练习时可先不加手臂动作，动作熟练后再上下肢配合。

练习提示： 这套活力健身操动作热情、有活力；音乐震撼、感染力强，步伐变化、手臂变化合理，使人们在练习过程中不知不觉就能掌握动作，练习时效性很强。

第四节　炫彩动感健美操

【组合一】

1×8拍（图3-4-1）：

图3-4-1

1拍：右脚向侧一步，双臂侧平举；
2～3拍：左脚向右后方做曼步；
4拍：右转90度，左脚向侧一步，双臂屈肘放于腰间；
5拍：右脚向左后方后退，双臂前举；
6拍：左转45度，左脚向侧一步，双臂下举；
7拍：左转90度，右脚向前一步，双臂肩侧屈；

8拍：吸左腿，双臂胸前击掌。

2×8拍（图3-4-2）：

图3-4-2

1拍：左脚向前一步，双臂下举；
2～3拍：右脚向左前方做曼步，双臂自然摆动；
4拍：右转90度，右脚向前一步双臂胸前击掌；
5拍：左脚上步，双臂下举；
6拍：吸右腿，双臂前举；
7～8拍：同5～6拍动作，但方向相反。

3×8拍（图3-4-3）：

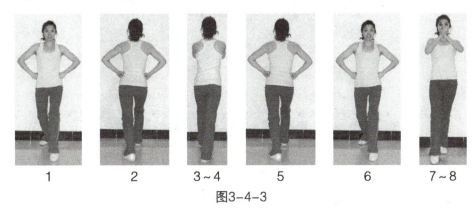

图3-4-3

1拍：左脚上步，半蹲，双臂腰侧屈；
2拍：提踵右转90度，重心放于两脚之间；
3～4拍：右脚向后做曼步，双臂胸前击掌2次；

5～8拍：同1～4拍动作，但方向相反。

4×8拍（图3-4-4）：

图3-4-4

1拍：左脚向左后方上步，双臂腹前交叉；

2拍：右脚侧踢跳，双臂侧上举；

3～4拍：右转90度，右脚向左后方做曼步，双臂自然摆动；

5～8拍：同1～4拍动作，方向相反。

【组合二】

1×8拍（图3-4-5）：

图3-4-5

1拍：右脚向右一步，双腿半蹲，双臂屈肘放于腰间；

2拍：重心右移成侧点地，左手变掌向前冲；

3拍：左脚向左一步，双腿半蹲，双臂屈肘放于腰间；

4拍：还原成直立；

5~6拍：左脚向侧做恰恰，双臂自然摆动；
7~8拍：左脚向左后方做曼步，双臂下举。
2×8拍（图3-4-6）：

图3-4-6

1~2拍：右脚向右前方做上步吸腿，双臂自然摆动；
3~4拍：右脚向右前方做上步吸腿，双臂自然摆动；
5拍：右脚向右一步，两脚开立，双臂肩侧屈；
6拍：左转90度，吸右腿，双臂胸前击掌；
7拍：左转90度，右脚向右一步，双臂肩侧屈；
8拍：左转180度，吸左腿，双臂胸前击掌。
3×8拍（图3-4-7）：
1拍：左脚向左后方一步，双臂前举；
2拍：右脚后交叉，双臂屈肘放于腰间；
3拍：左脚向左后方一步，双臂前举；
4拍：双脚做换脚步，双臂成一前一后下举；
5~7拍：右脚开始向右后方上步，同时转体360度，双臂放于体侧；
8拍：双脚换脚步，双臂成一前一后下举。
4×8拍（图3-4-8）：
1~2拍：左脚向前做曼步，双臂自然摆动；
3拍：左转90度，左脚向侧一步，双臂侧下举；
4~5拍：左转90度，同时右脚向前做曼步，双臂自然摆动；
6拍：右转90度，右脚向侧一步，双臂侧下举；
7~8拍：左脚向前一步，再向后一步，双臂自然摆动。

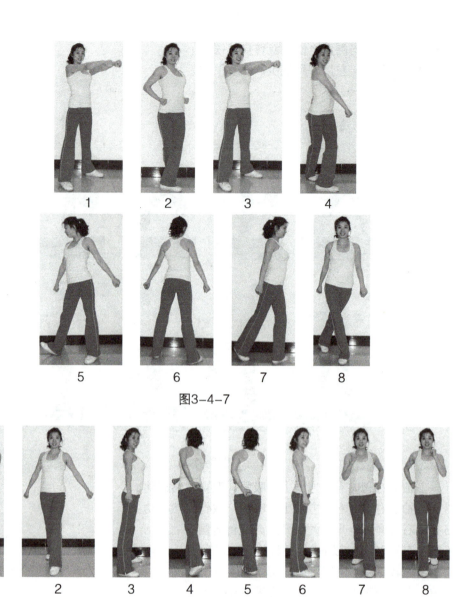

图3-4-7

图3-4-8

【组合三】

1×8拍（图3-4-9）：

图3-4-9

1拍：右脚向左前方上步，右臂屈肘放于腰间，左臂胸前屈；
2拍：左脚侧点地，左臂前下举；
3～4拍：同1～2拍动作，但方向相反；
5～6拍：右脚向右一步做侧踢跳，双臂侧上举；
7～8拍：右脚向左后方做曼步，上臂自然摆动。
2×8拍（图3-4-10）：

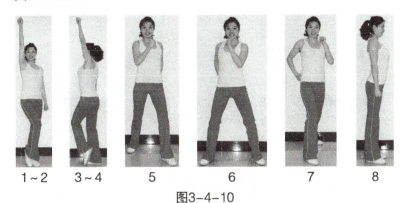

图3-4-10

1～2拍：左脚小马跳，同时左转180度，右臂上举；
3～4拍：右脚小马跳，左转180度，左臂上举；
5～8拍：左脚开始V字步，8拍时左转90度，双臂自然摆动。
3×8拍（图3-4-11）：

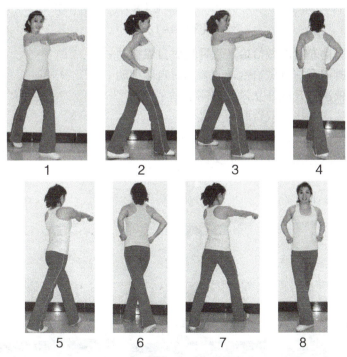

图3-4-11

1拍：左脚向右前方一步，双臂前举；
2拍：右脚向左前方一步，双臂后拉至腰间；

3拍：左脚向左后一步，双臂前举；

4拍：以左脚为轴，向右后转身270度，双臂后拉至腰间；

5～8拍：同1～4拍动作。

4×8拍（图3-4-12）：

图3-4-12

1～2拍：左脚向左前方做恰恰，双臂屈肘自然摆动；

3～4拍：右脚向右前方做恰恰，双臂屈肘自然摆动；

5拍：左右脚依次打开成开立，双臂侧上举；

6拍：左右脚依次并拢，双臂胸前交叉；

7拍：左右脚依次开立，双臂侧下举；

8拍：左右脚依次并拢，双臂胸前交叉。

【组合四】

1×8拍、（图3-4-13）：

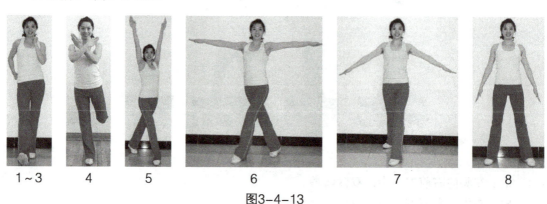

图3-4-13

1~3拍：右脚、左脚交替勾脚尖前点地跳3次，双臂自然摆动；
4拍：左脚后屈腿，双臂胸前交叉；
5拍：右脚左前方上步，双臂上举；
6拍：左脚右前方上步，双臂侧平举；
7拍：右脚右后方退步，双臂侧下举；
8拍：左脚左后方退步，双臂下举。
2×8拍（图3-4-14）：

图3-4-14

1拍：右脚向侧成侧弓步，右臂经胸前平屈，小臂伸展至侧平举；
2拍：重心左移，右臂屈于胸前；
3拍：右脚向前上步成交叉步，右臂下举；
4~6拍：同1~3拍动作，方向相反；
7~8拍：右脚、左脚依次侧点地，双臂下举。
3×8拍（图3-4-15）：
1~3拍：右转90度，左脚开始向前上步3次，双臂经前举后摆至肩侧屈；
4拍：吸右腿，双臂胸前击掌；
5拍：侧摆左腿跳，左臂侧推成侧平举，右臂胸前平屈；
6拍：吸右腿，双臂胸前击掌；
7~8拍：同5~6拍动作。
4×8拍（图3-4-16）：
1~3拍：右脚开始后退3步，同时向左转身135度，双臂侧下举；
4拍：左脚后屈跳，双臂屈肘放于腰间；

图3-4-15

图3-4-16

5拍：左脚弹踢腿跳，右臂上举；
6拍：后屈右腿，双臂屈肘放于腰间；
7拍：右转45度，右脚弹踢跳，左臂上举；
8拍：还原成直立。

学习提示：

1. 教学时教师可以将每8拍动作还原为健美操的基本步伐，通过方向、节奏的快慢、幅度的大小、手臂的变化等因素，逐渐累加为套路中的组合，方便学生的学习及记忆。
2. 学习时注意弹动技术的运用。
3. 注意手臂动作轨迹及结束位置，加强锻炼动作力度和质感。
4. 练习时可加入队形变换，适当增加学生练习难度，锻炼学生编排能力，培养团队配合意识。

思考题：

1. 尝试将每套动作组合进行队形变换。
2. 列举出健美操组合动作中动作移动的图形有哪些？

第四章 时尚健身课堂

本章要点：

本章给大家安排了目前国内外最流行的时尚健身课程，注重各种风格的套路介绍，有瑜伽、普拉提、动感啦啦操和风靡世界的排舞。每一种操都有自己的风格和功能，课程特点是时尚、动感、青春、优美。快快行动起来，让我们一起开启时尚健身之门吧！

第一节 瑜伽课堂

瑜伽课堂不但会把你带到瑜伽的起源地——印度，还会教给你瑜伽练习前的必备知识，再加上我们精心准备的经典瑜伽体式，定会带给您惊喜，不要犹豫，行动起来，唤醒我们的身体吧，开启神秘的瑜伽之门吧！

一、瑜伽的起源

瑜伽起源于印度，是东方最古老的强身术之一。瑜伽修持者最初只有寥寥数人，后逐步在印度普通人中间流传开来。而今的瑜伽，是印度几千年来科学修炼法的总结。瑜伽有一整套从肉体到精神极其完备的修持方法，当今的瑜伽不仅属于哲学和宗教范畴，还有着更广泛的含义和强大的生命力。现在提到瑜伽，多是指练功方法。

1. 瑜伽对人体的作用

瑜伽是身心双修的练习，瑜伽的体位法充分锻炼了人的脊柱，经常练习可以强化神经系统、促进内分泌系统正常运行，瑜伽呼吸和体位还会对内脏腺体产生有利影响。使人静心、减压，摆脱消极情绪。

2. 瑜伽的呼吸

练习过程中，流畅的呼吸和完美的体式相配合才可收到事半功倍的效果。最基本的瑜伽呼吸法有三种：腹式呼吸、胸式呼吸和完全式呼吸。

（1）腹式呼吸：又叫横膈膜呼吸，用肺底部进行呼吸，感觉腹部在动、胸部不动。通过这种方式对吸入气体进行控制，可让呼吸时间和周期变得深长、有规律。一次吸气、呼气和屏气为一个调息周期。腹式呼吸可以锻炼腹部肌肉，按摩腹腔内的器官，增加肺活量，促进全身血液循环。

① 动作方法：双腿分开，双眼轻闭，双手放在腹部，深吸一口气到腹部，胸腔保持不动，手随着气体的吸入而被抬起，吸气越深，手指分开越大，腹部升得越高。随着腹部扩

张，横膈膜下降；呼气时，腹部朝脊柱方向用力收紧。尽量收缩腹部，手指相叠，将所有的气呼出双肺，横膈膜会自然上升。反复练习8～12次。

②动作提示：腹式呼吸和日常呼吸方式不同，要经常练习才能熟练掌握。

(2) 胸式呼吸：比较接近日常呼吸方法，程度更深长、专注。以肺部的中上部呼吸，感觉胸部、肋骨起伏，腹部相对不动。胸式呼吸可以稳定情绪，平衡心态，帮助因为呼吸短促而积压下来的废气排出体外。

①动作方法：瑜伽坐姿，腰背挺直，头顶的百会穴引领脊柱向上延伸，脊柱伸直，将双手轻轻搭放到胸部下侧的肋骨上，帮助体会肋骨起伏和气流涌动的感觉。用鼻子呼吸，吸气时胸部隆起，肋骨向上、向外扩张，腹部不动并保持平坦，继续呼气，胸部放松，肋骨向内、向下收缩，反复练习8～12次。

②动作提示：非常简单，适合随时练习。如果觉得鼻腔吸入气体不顺，可以张开嘴巴帮助呼吸。

(3) 完全呼吸：是瑜伽调息和相对应收束法的砥柱，自然流畅的呼吸使整个肺部参加呼吸运动，腹部、胸部乃至全身都能够感受到起伏。完整的完全式呼吸可以将呼吸量扩大3倍，让新鲜的氧气供应血液，使心脏更强劲，缓解内脏压力，调整内分泌失调。把完全式呼吸变成日常的习惯呼吸可以让身体收放自如，有奇妙变化。

①动作方法：它是腹式呼吸和胸式呼吸的完美结合，坐姿、仰卧、站立都可以（我们以坐姿说明）。采用正确的瑜伽坐姿，头、颈、脊柱成一条直线垂直于地面，放松神经及身体。用鼻子呼吸，缓慢吸气，用腹式呼吸将气体吸到腹腔，感受腹部隆起，再用胸式呼吸，将吸气延续向上，将胸部吸满空气并扩大到最大限度。此时腹部向内收紧，双肩可以略微升起，吸气已经到达双肺的最大容量。呼气阶段，按相反的顺序进行，首先放松胸部，肋骨向内、向下，排出空气，收缩腹部肌肉呼尽所有气体，结束一个呼吸周期。如此循环下去，反复练习。

②动作提示：腹式呼吸和胸式呼吸后才可以练习完全式呼吸，否则容易出现呼吸不顺和胸闷。整个呼吸要保证顺畅、轻柔，每个阶段都不能间断，必须一气呵成。

二、经典瑜伽体式

经典的瑜伽体式能唤醒身体、梳理身体，给疲惫的身体注入新的能量，现在就让我们走进瑜伽，体会身体的惊喜变化吧！

1. 肘部练习（图4-1-1）

图 4-1-1

（1）动作方法：

- 脚并拢，身体直立（图1）。
- 两臂向前伸出，与地面平行（图2）。
- 两手掌心向上（图3）。
- 两肘弯曲，用手指尖轻触肩头（图4）。
- 再把双臂向前伸出（图3）。

★反复练习10～12次。

- 将两臂向两侧伸出，掌心向上（图5）。
- 两肘弯曲，颈侧用手指尖轻触肩头（图6）。

★重复练习10～12次。

（2）动作要领：手臂前侧要与地面平行。

（3）易犯错误：双臂弯曲，不平。

（4）纠正错误：双臂平行，指尖点肩。

（5）动作功效：放松肘部关节，强壮臂部肌肉。

2. 肩旋转式（图4-1-2）

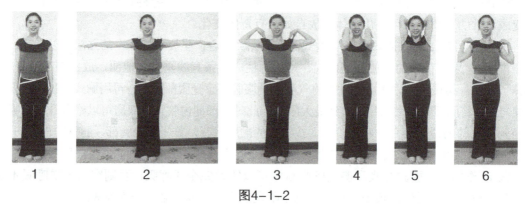

图4-1-2

（1）动作方法：

- 身体直立，两脚并拢（图1）。
- 两臂向两侧平举与地面平行，掌心向上（图2）。
- 弯曲两肘，手指放在肩头上（图3）。
- 将肘部向头后做圆圈旋转运动（图4）。
- 两肘在胸前范围互相碰触为止（图5、图6）。

★向前旋转12圈，再向后旋转12圈。

（2）动作要领：向前旋转时两肘要相碰，向后旋转时两肘和手背要相碰。

（3）易犯错误：手臂弯曲，幅度小。

（4）纠正错误：加大幅度，动作到位。

（5）动作功效：扩展胸部，放松两肩关节，使肩关节更加灵活。

3. 手臂伸展式（图4-1-3）

（1）动作方法：

- 直立，两脚并拢（图1）。
- 双手合十在头顶上方（图2）。

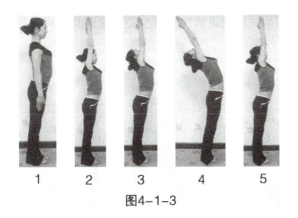

图4-1-3

- 头稍后仰（图3）。
- 身体后仰，保持几秒钟，同时呼吸要正常（图4）。
- 呼气还原（图5）。

★重复8～12次。

（2）动作要领：双腿伸直，身体后仰时不憋气。

（3）易犯错误：后仰时低头。

（4）纠正错误：开始时幅度小，向前看。

（5）动作功效：促进血液循环，使头脑清晰，对驼背可起到纠正作用。

4. 风吹树式（图4-1-4）

图4-1-4

（1）动作方法：

- 身体直立，两脚并拢，两臂放在体侧（图1）。
- 手心相对拇指相交，两臂高举过头顶（图2）。
- 上身躯干从腰部弯曲，倾向右侧（图3）。
- 保持此姿势几秒钟，然后弯向左侧（图4）。
- 让上身回复中央位置，平脚站立（图5）。
- 放下双臂（图6）。

★左右两侧侧屈8～12次。

（2）动作要领：身体向侧弯曲时脸朝上方看，收紧腹部，不憋气。

（3）易犯错误：身体侧弯手臂弯曲。

（4）纠正错误：手臂夹紧伸直。

（5）动作功效：加强肩关节的灵活性，减少侧腰肌脂肪，提高身体平衡能力。

5. 腰转动式（图4-1-5）

图4-1-5

（1）动作方法：
- 直立，两脚分开与肩同宽（图1）。
- 十指相扣，吸气，两臂高举过头（图2）。
- 两手掌心向上，身体前屈，上体与大腿成直角（图3）。
- 躯干尽量转向右方，抬起左肩（图4）。
- 躯干尽量转向左方，抬起右肩（图5）。
- 把上身躯干收回原来的中心位置（图6）。
- 恢复直身姿势（图7）。

★左右转动为一次，做4～6次。

（2）动作要领：身体和大腿成直角，做到最大极限即可。转向右方时呼气，转向左方时吸气。

（3）易犯错误：弓背，腿弯曲。

（4）纠正错误：身体前屈时尽量塌腰。

（5）动作功效：滋养和加强双臂、腰部、背部和髋关节。使腹部器官得到按摩，腰围的脂肪也得到减少和分散。

6. 战士第二式（图4-1-6）

（1）动作方法：
- 两脚大大分开，两臂向两侧平举，与地面平行（图1）。
- 右脚向右转90度，左膝挺直，左脚向同一方向转15度～30度（图2）。
- 屈膝，大腿与地面平行，小腿垂直于地板，头向右方转（图3）。
- 保持这个姿势约30秒或更长时间，还原（图4）。
- 转向左方，以相反方向重复做全部练习（图5、图6）。

★左右转动为一次，练习4～6次。

（2）动作要领：屈膝时，膝关节不要超出脚尖，后腿蹬直，保持呼吸通畅。

（3）易犯错误：膝盖超出脚尖，后腿弯曲。

（4）纠正错误：膝盖不超出脚尖，用力蹬伸小腿肌肉。

（5）动作功效：可加强腿部肌肉力量，消减腿部脂肪，使腿部线条优美修长。

图4-1-6

7. 猫伸展式（图4-1-7）

图4-1-7

（1）动作方法：
- 坐在脚跟上，伸直背部（图1）。
- 提起臀部，两手放在地上，形成"四脚"着地姿态（图2）。
- 吸气，拱背，收缩背部肌肉（图3）。
- 保持此姿势6秒钟（图3）。
- 呼气，仰头，背部下压，保持此姿势6秒钟（图4）。

★凹背和拱背为一次，做12次。

（2）动作要领：手臂伸直，膝盖并拢居两臂之间。

（3）易犯错误：手臂与身体不垂直。

（4）纠正错误：手臂与腿之间的距离要均等。凹背时手臂不弯，动作要充分。

（5）动作功效：可增加脊柱弹性，放松颈项和肩膀。改善循环，增进消化作用并有助于消除腹部多余脂肪，滋养女性生殖系统。

8. 虎式（图4-1-8）

图4-1-8

（1）动作方法：
- 臀部坐在两脚跟上，脊柱要伸直（图1）。
- 两手放在地板上，抬高臀部（图2）。
- 两眼向前直视，吸气，把左腿向后伸展（图3）。
- 蓄气不呼，弯曲左膝，低头鼻尖触膝（图4）。

★把左腿向后方伸展，重复练习6次。右腿同左腿动作，重复练习6次。

（2）动作要领：动作充分，到位，手臂不弯，脊柱成拱形。

（3）易犯错误：手臂弯曲，后腿伸展弯曲。

（4）纠正错误：加固手臂，腿后伸时可先抬低些。

（5）动作功效：有助于使脊柱得到伸展，强壮脊柱神经和坐骨神经。减少髋部和大腿区域的脂肪，强壮生殖器官。

9. 腿交换伸展式（图4-1-9）

图4-1-9

(1) 动作方法：

- 坐在垫子上，两腿向前伸出，两手放在右膝盖以下（图1）。
- 把右脚收到腹股沟部位，脚跟紧靠左大腿内侧，双臂前伸（图2）。
- 慢慢吸气，两手上升高过头部（图3）。
- 向前弯身，两手扶着左脚。躯干慢慢拉近腿部，让颈项向下垂。闭目，把注意力集中在两眉之间的中点上。保持10秒钟，也可以更长（图4）。
- 还原时伸直双臂，吸气，慢慢抬高躯干（图5）。
- 脚沿左腿滑动出去，放直，回复到起始姿势（图6）。

★一个姿势保持10秒，调息20秒，然后用左腿重复同样的练习。

(2) 动作要领：后背挺直，躯干下压时放松呼气，不憋气。

(3) 易犯错误：弓背憋气紧张。

(4) 纠正错误：躯干下压时后背伸直，呼气慢速向下。

(5) 动作功效：单腿交换伸展式不但可以削减腰部脂肪。还可以强壮肝脏和脾脏。

10. 三角伸展式（图4-1-10）

图4-1-10

(1) 动作方法：

- 两腿站直，分开同肩宽（图1）。
- 两臂向两侧平伸，与地面平行（图2）。
- 右脚右转90度，呼气，身体慢慢向右侧弯曲，两臂始终伸直（图3）。
- 右手扶住右脚踝，左手上举伸直，掌心朝前，也可右手触地，保持10秒（图4）。
- 吸气，从这个姿势慢慢回到开始姿势（图5～图7）。
- 换边重复练习。

★左右为一次，可根据自身情况练习2～3组。

（2）动作要领：动作过程中双膝伸直，髋关节正对前方，身体保持平衡，侧屈时可先扶住脚踝，待身体柔软时可摸地。

（3）易犯错误：肩和髋向内扣，不打开。

（4）纠正错误：可先向一侧伸展到极限，然后向下触地，或后背靠墙练习。

（5）动作功效：可增加身体的灵活性，提高内脏器官功能。

11. 旋转式（图4-1-11）

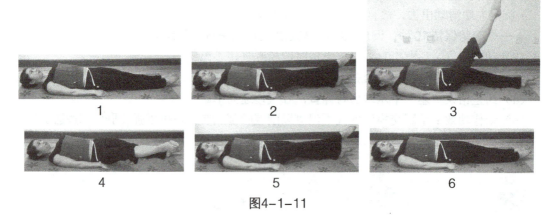

图4-1-11

（1）动作方法：

- 仰卧，两腿伸直，两臂放在体侧（图1）。
- 伸直右腿离开地面做顺时针圆圈旋转运动（图2～图6）。
- 头部和身体其余部分应该继续保持平贴地面。

★做8～10次顺时针旋转之后，逆时针再做8～10次旋转。换左腿做同样的练习。也可以双腿一起做。

（2）动作要领：旋转不要太大，腰臀紧贴地面。

（3）易犯错误：腿旋转式，臀部离开地面。

（4）纠正错误：腿上举不要太高，圈不要划太大，身体贴近垫子。

（5）动作功效：加强腹部肌肉力量，消除腿部脂肪。

12. 门闩式（图4-1-12）

图4-1-12

（1）动作方法：

- 跪在垫子上，双踝并拢（图1）。
- 右腿伸向右方，使右脚与左膝处于同一条线上（图2）。
- 将两臂向两侧平举，平行于地面（图3）。

- 呼气，右手腕放在右脚背上，右耳贴着右上臂（图4）。
- 左臂伸直举起，经头部上方右移，与右掌合十（图5）。
- 头应在两上臂之间，保持30秒，然后还原（图1）。

★左边重复同样的练习。左右算一次共做5次。

（2）动做要领：手臂伸直，腿伸直，膝和腿在同一水平线上。

（3）易犯错误：支撑腿弯曲。

（4）纠正错误：髋关节前顶，支撑腿垂直于地面。

（5）动作功效：可消除腰部脂肪，改善背部僵硬的状态。

三、你的身体如何瑜伽

（1）练瑜伽前后1个小时不要吃大量的食物，尤其是主食，还需要少量饮水。

（2）练功服要棉质宽松的，赤脚练习，可以增强脚掌的感知力，不要穿紧身衣，不然呼吸会不流畅。

（3）如果在家练习，最好准备一块瑜伽专用垫，垫子不宜太薄，专业的瑜伽垫有厚度和弹性，并兼具防滑功能。

（4）练完后不要马上洗澡，因为瑜伽练习时，不光靠口鼻呼吸，皮肤也参与了锻炼，如果马上洗澡，冷水或热水会给皮肤造成强烈的刺激，增加心脏负担。

（5）练习时动作不宜太快，匀速即可。强度较大的体式一定要调息后再进行下一个动作。

（6）不要勉强自己，急于求成哦！因为每个初学者的柔软度、耐力及学习能力都不同，量力而为做到自己最大极限就可以啦。

（7）练习时集中精神，细心聆听身体的声音，感受每一个动作和呼吸对身体的反应。

（8）练习时，如身体出现不正常的剧痛、晕眩、呼吸困难，莫要逞强，应慢慢停止练习。

（9）练习时不应与其他学员攀比，初学者应与自己比较，以昨天的表现作评分的准则。

（10）瑜伽与其它运动一样，不是一朝一夕即可练成的；随着练功方法的不同，个人体质的差别，所获的功效亦有不同。只要持之以恒练习，肯定会在简单的动作重复中收获惊喜。

你知道吗？

生活中，很多细节可以提示我们身体运行是否顺畅，比如黑眼圈、失眠、手脚冰凉等。如果有这些问题，首先要看生活是否规律，如果总是熬夜，那么改变不良生活方式是最好的选择。当然，也可以加入一些防治气滞血瘀的瑜伽练习：选择瑜伽中的背部伸展式、眼镜蛇式、肩倒立式，每天睡觉前各练习2组。每天坚持练10分钟就可以让你去掉黑眼圈，改善失眠和手脚冰凉等现象，美美地进入梦乡，切忌饱食练习啊！

小贴士：
进行瑜伽练习要想收到很好的效果，每周至少要锻炼3次，练习时动作之间进行3～5次深长缓慢的深呼吸，有特殊说明的除外。每种练习先从主要动作开始，如果动作难度太大，可以先从简单的变形动作开始；为了更快达到健身效果，每个姿势都要调整好呼吸，并逐渐增加动作的次数和强度。

> 思考题：
> 1. 瑜伽练习的基本呼吸方式有几种？最常用的是哪一种？
> 2. 你能说出三种以上瑜伽体式的功效吗？

第二节　普拉提课堂

一、普拉提起源

普拉提是一种舒缓全身肌肉、提高人体核心控制能力的课程，是肌肉深层练习，通过速度缓慢的动作，较长时间地控制肌肉，达到消耗身体各部位能量的目的。

普拉提运动的创始人约瑟夫·普拉提从小体弱多病，他将东、西方的养生方法，如瑜伽、太极、古希腊和罗马的传统养生法融会贯通后，以自己设计的仪器及运动技巧，创造出了普拉提。普拉提运动每个人都可以做，简单易学，动作平缓，可以有目的地针对身体局部进行锻炼，增强身体的柔韧性。特别是关节不适、身体素质弱的人也可以锻炼。练习不受活动地点的限制，专业健身房、起居室都可以。正因为适用人群广、习练场地不受限制。普拉提现已经成为健身界的一个时尚代名词。

二、普拉提十六字真谛

（1）专注：训练时注意力集中，静静聆听身体的感觉。
（2）控制：动作到位，尽量达到身体极限位置。
（3）重心：利用自身重力带来的阻力，达到锻炼肌肉的目的。
（4）呼吸：注意呼吸的深度，尽可能用腹式呼吸。
（5）流畅：动作流畅，速度均匀。
（6）准确：姿势准确，效果更佳。
（7）放松：冥想时仔细感觉身体的部位。
（8）持久：有意识地收缩需要锻炼的肌肉，保持紧张感，消耗能量。

三、普拉提练习的两项基本原则

真正接触过普拉提运动的人会发现，短短几分钟，身体就会发热、冒汗。普拉提的每个动作都缓慢、清楚，讲究控制、拉伸、呼吸，通过对核心部位的锻炼，使身体变得柔软有韧性。通过练习使身体左右一起运动，渐渐矫正一般人惯用左边或右边的坏习惯，使身体更为协调平衡。练习过程中遵循以下两项基本原则将会收到事半功倍的效果。

1. 呼吸原则

① 用鼻子吸气，用嘴呼气，讲究呼气的深度，尽可能用腹式呼吸。
② 呼吸的速度不宜太快，与动作的速度基本一致，练习时不要憋气。
③ 运动时注意呼气，静止时注意吸气。这样可以缓解因肌肉用力给身体造成的紧张，同时还可减少肌肉酸痛的敏感度。

2. 身体控制原则

① 动作要慢，尽量延长肌肉控制的时间，最大限度消耗身体各部位的能量，达到减脂、

塑形的目的。

② 控制好身体的姿态，使其能够长时间体会到训练带来的刺激。

③ 腹部和躯干的固定是普拉提训练的核心。

四、普拉提的中立位练习

练习普拉提最忌讳好高骛远，还没有把基础的练习掌握好就想学习更深一层的动作挑战自己，只会得不偿失。为了使基础打得更牢固，让我们从中立位开始练习吧。

（1）髋关节骨盆的中立位控制：躺在垫子上，小腹保持与地板平行，同时腰下与地板之间有一个手指的距离。

（2）脊柱的中立位控制：靠墙站立，并加以手部平衡的动作，逐渐掌握脊柱中立位控制的感觉。

（3）肩胛骨的中立位控制：多数颈椎问题都伴随肩胛骨周边肌肉损伤或劳损，加强肩胛骨中立位控制，会改善颈椎周边的肌肉弹性，改善酸痛的症状。

五、普拉提经典体位练习

要想练出紧实平坦的腹部，不要光把眼睛盯在仰卧起坐上；要练出紧致的腰身，不要把眼光总盯在杠铃上；健身专家认为，最好的练习应该是能够使腰腹部深层肌肉参与运动的动作。试试下面一组针对关键肌肉的练习吧，每周只要练习3次，就会收到意想不到的效果，赶快行动起来吧！加油！

1. 仰卧脊柱旋转（图4-2-1）

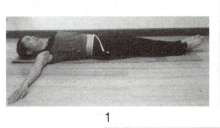
1

2
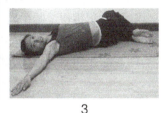
3

4

5

图4-2-1

（1）动作方法：

- 仰卧，身体平躺在垫子上，两手侧平打开（图1）。
- 掌心向上，双膝弯曲90度，两腿抬高至大腿垂直于地板（图2）。
- 吸气，两腿沿着一个平面向身体左侧慢慢放低（图3）。

- 呼气，收缩腹部，带动两腿慢慢回到中间（图4）。
- 吸气，两腿沿着一个平面向身体右侧慢慢放低（图5）。
- 呼气，收缩腹部，带动两腿慢慢回到中间（图2）。

★ 左右为一次，做8次为一组，练习2～3组。

（2）动作要领：头部、肩颈部保持放松，位置不变。整个动作尽量以腰腹部的力量来引导。

（3）易犯错误：两腿不平衡，速度过快。

（4）纠正错误：收紧腹部，动做速度要慢，注意力在腹部。注意呼吸配合。

（5）动作功效：加强腹部力量，按摩脊柱。

2. 路上畅游（图4-2-2）

1　　　2　　　3　　　4

图4-2-2

（1）动作方法：
- 跪于垫上（图1）。
- 双手触地，与肩同宽，双腿间距与骨盆同宽，双臂、大腿垂直于地面（图2）。
- 呼气，抬起右手、左腿，保持腰部平直（图3）。
- 吸气，下放至起始位置（图4）。

★ 一侧重复练习6次，换另外一侧练习6次。

（2）动作要领：抬起的手臂、腿和脊椎保持一条直线，且平行于地面。沉肩、收腹。

（3）易犯错误：腿手臂不伸直，塌腰。

（4）纠正错误：抬起的手臂和腿分别向前后伸展，不要塌腰，躯干向核心部位收紧。

（5）动作功效：强化腹肌、美化背部、提高身体的稳定性。

3. 拍水一百次（图4-2-3）

图4-2-3

（1）动作方法：
- 仰卧，双臂置于体侧，掌心向下（图1）。

- 屈膝90度，头部、上背部以及双臂抬离地面，同时收紧腹肌（图2）。
- 吸气，双臂做上下拍打动作5次，动作幅度不要过大（图3）。
- 呼气，双臂做上下拍打动作5次（图4）。

★连续拍水100次为一组，共做2～3组。

（2）动作要领：腰部不离开地面，直臂拍打与地面平行，沉肩。

（3）易犯错误：拍打动作过大，颈部紧张。

（4）纠正错误：颈部放松，收紧腹部。大小臂统一用力。

（5）动作功效：美化腰部，减少腹部的脂肪。

4. 双腿伸展（图4-2-4）

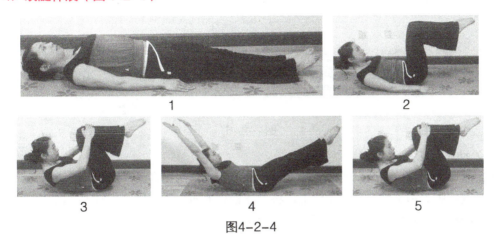

图4-2-4

（1）动作方法：
- 仰卧，背部在地面保持不动，双臂放在体侧（图1）。
- 肩胛骨离开地面，双腿收成90度（图2）。
- 收紧腹部，呼气，双手抱住双膝向胸部靠拢（图3）。
- 吸气，向前上方伸直双腿，同时双臂向后伸展，身体形成一个大V字形（图4）。
- 双膝收回胸部位置（图5）。

★练习8～10次为一组，做2～3组。

（2）动作要领：身体紧张，核心区域收紧，气息均匀。

（3）易犯错误：腹部松弛，身体晃动，平衡不好。

（4）纠正错误：颈部放松，收紧腹部，保持身体平衡，气息均匀。

（5）动作功效：减少腹部脂肪，修长双腿。

5. 侧撑（图4-2-5）

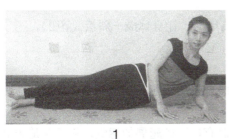 

图4-2-5

（1）动作方法：
- 侧躺在垫子上，双脚重叠，左肘放于肩胛骨正下方（图1）。
- 将臀部向上抬起（图2）。

★ 左右侧起支撑时间可根据自身情况而定。

（2）动作要领：肩肘在一条直线上，撑起时绷紧身体。

（3）易犯错误：肩肘不在一条直线上。

（4）纠正错误：肘关节保持90度。使肩肘在一条直线上。

（5）动作功效：减少腹内外斜肌的脂肪。

6. 平板支撑（图4-2-6）

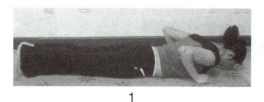 

1　　　　　　　　　　　2

图4-2-6

（1）动作方法：
- 俯卧，双腿脚趾撑地，两手掌撑地，肘关节在身体两侧夹紧（图1）。
- 吸气，脚尖和手臂伸直撑于垫上，将身体抬离地面，让身体成一斜板（图2）。

★ 支撑30～60秒为一组，练习2～3组。

（2）动作要领：大臂始终垂直于地面，腹部向内收缩，保持稳定，腰部避免塌陷。

（3）易犯错误：塌腰，身体不平。

（4）纠正错误：腹部向内收缩，身体犹如一块木板，始终保持一个平面。

（5）动作功效：加强腹横肌的力量。

7. 单腿后拉（图4-2-7）

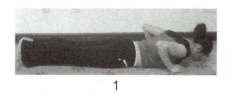  

1　　　　　　2　　　　　　3

图4-2-7

（1）动作方法：
- 俯卧，双腿脚趾撑地，肘关节撑地（图1）。
- 吸气，脚尖和肘关节撑于垫上，将身体抬离地面，让身体成一斜板（图2）。
- 待身体稳定后，一腿直膝向上抬起（图3）。

★ 单腿抬起时间根据自身情况而定。

（2）动作要领：腹部向内收缩，保持稳定，腰部避免塌陷。

（3）易犯错误：塌腰，身体放松。

（4）纠正错误：骨盆略微后倾，动力腿抬起时有向远处延展的感觉，而不是追求高度。

（5）动作功效：减少腹部脂肪。

8. 单腿前拉（图4-2-8）

图4-2-8

（1）动作方法：
- 屈膝坐在垫子上（图1）。
- 抬起臀部，成后置支撑，一腿直膝向上抬起（图2）。

★ 支撑时间可根据自身情况而定。

（2）动作要领：收腹、收臀、沉肩、夹背、挺胸。
（3）易犯错误：手脚位置太近，勾头。
（4）纠正错误：动力腿向上抬起时，无需太高，但应有延展感。
（5）动作功效：减少臀部脂肪，加强手臂力量。

9. 仰卧单腿划圈（图4-2-9）

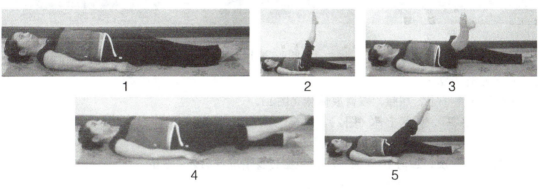

图4-2-9

（1）动作方法：
- 仰卧，双腿直膝并拢（图1）。
- 右腿向天花板直膝伸展，做顺时针6圈、逆时针6圈（图2～图5）。

★ 换左腿练习。

（2）动作要领：用核心力量稳定骨盆，发动力量使腿做动作。
（3）易犯错误：腿弯曲，臀部抬离地面。
（4）纠正错误：腿伸直，下背及臀部紧贴于垫上。
（5）动作功效：加强身体的控制能力，提高腹肌力量，纤细双腿。

10. 直背下靠（图4-2-10）

（1）动作方法：
- 坐在垫上，双手扶地（图1）。

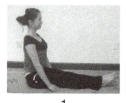   

图4-2-10

- 双臂抬起与肩同高（图2）。
- 吸气，头向上顶，脊椎向上拉长伸展。
- 呼气，收缩腹部，直背有控制地向后慢慢放低身体（图3）。
- 吸气，回到起始位置（图4）。

★练习6～8次为一组，可根据自身情况练习2～3组。

（2）动作要领：上半身的角度不变，保持核心稳定。

（3）易犯错误：上体角度控制不好。

（4）纠正错误：面部要放松，控制好角度。

（5）动作功效：减小腰部脂肪。

11. 胸部抬起旋转（图4-2-11）

图4-2-11

（1）动作方法：

- 仰卧于垫子上，屈膝，双臂放体侧（图1）。
- 双手抓两耳，抬起上体（图2）。
- 左肘触碰右膝，还原，右肘碰左膝（图3）。

★左右为一次，练习10次为一组，根据自身情况练习2～3组。

（2）动作要领：收紧腹部，不憋气。

（3）易犯错误：勾头，肩部不离地。

（4）纠正错误：颈部放松，肘部不允许触地。

（5）动作功效：减少侧腰肌脂肪。

12. 滚动如球（图4-2-12）

图4-2-12

（1）动作方法：
- 坐于垫上，双腿屈膝，手扶小腿外侧，低头（图1）。
- 身体呈球形，吸气后倒，呼气向前（图2-3-4-5-1）。

★练习15次为一组，根据自身情况练习2～3组。

（2）动作要领：做动作时身体成一个整体。
（3）易犯错误：团身不紧。
（4）纠正错误：低头，团身紧，不可耸肩。
（5）动作功效：减少腹部肌肉，按摩脊柱。

13. 锯式伸展（图4-2-13）

　　1　　　　　　　2　　　　　　　3　　　　　　　4

图4-2-13

（1）动作方法：
- 坐姿，两腿伸直分开比肩略宽（图1）。
- 两臂侧平举（图2）。
- 吸气身体往右边旋转，收紧腹部，左手臂伸向右脚外侧（图3）。
- 还原成两臂侧平举（图2）。
- 吸气身体往左边旋转，收紧腹部，右手臂伸向左脚外侧（图4）。

★左右为一次，8次为一组，练习2～3组。

（2）动作要领：身体前伸时，保持骨盆端正，收紧腹部。
（3）易犯错误：弓背勾头。
（4）纠正错误：不要弓背，拉伸背部。
（5）动作功效：舒展背部。

六、你的身体如何普拉提

（1）练习时，最好穿宽松舒适的衣服，脱掉鞋袜，不要佩戴首饰挂件，最好在练习前排清大小便。

（2）注意呼吸的深度，呼吸速度不宜太快，与动作基本保持一致，切勿憋气训练。注意：运动时呼气，静止时吸气。

（3）练习时，动作速度要缓慢，尽量延长肌肉控制时间，从而消耗更多能量，达到瘦身目的。

（4）初学者以每周练习2～3次为宜，每个动作根据自身情况而定。

（5）运动前2小时最好不要进食，普拉提的大部分动作都需要腹部肌肉主动发力，有许多滚动或腿部抬高动作，饱腹会非常不适。

（6）练习后的2小时内最好不要进食。练习后身体新陈代谢速度加快，吸收也比平时快，这就是超量吸收。在这个时间段内吃很多东西，会导致体重不降反增。

(7)练习过程中可以喝水，但要少喝、慢喝，不要喝太凉的水，否则会刺激心脏，增加心脏负担。

你知道吗？

普拉提可雕塑完美体形，普拉提主要锻炼腹部、侧腰部、背部和臀部肌肉，可以帮你卸掉腰腹部的"游泳圈"，使身姿优雅挺拔，减缓心理压力。

普拉提里的各种体式可以根据需要随意拆分和组合，并根据自身情况调整强度大小，或者是根据身体局部需要，有选择地练习，只要下定决心，持之以恒，坚持到底，就会收获不一样的你！

思考题：

1. 您知道普拉提的创始人是谁吗？普拉提的呼吸原则是什么？
2. 进行普拉提练习时所要遵循的十六字真谛是什么？

第三节　啦啦操运动

一、啦啦操的起源与发展

啦啦操是一种有组织的为体育赛事助威的活动，狭义地讲，啦啦操是指在音乐衬托下，通过运动员完成高超的啦啦操特殊运动技巧并结合各种舞蹈动作，集中体现青春活力、健康向上的团队精神，并追求最高团队荣誉感的一项体育运动。现代啦啦操运动（cheerleading）是体育运动中的一个新兴项目，起源于19世纪70年代的美国，第一个啦啦队俱乐部在美国普林斯顿大学成立。1898年明尼苏达大学的学生约翰尼·坎贝尔（Johnny Campell）在一次橄榄球比赛时带领观众一起为比赛呐喊助威，由此成为第一位正式的啦啦队长，也标志着啦啦队活动的正式诞生。1998年国际啦啦操队联合会（简称IFC）在日本东京成立。啦啦操运动在中国是一项新兴的体育运动项目。1998年中国大学生篮球联赛（CUBA）诞生，为其加油呐喊的啦啦操表演应运而生，各高校充满活力和洋溢着青春气息的啦啦操表演给观众留下了深刻的印象，也成为篮球场上一道亮丽的风景线。

二、啦啦操运动的特点

（1）团结协作性：国际全明星啦啦队协会（IASCA）规定啦啦操的参赛人数为6～30人，性别不限。只有在人数上达到一定要求时，才能完成更多的队形变换、空间转换，才能编排更多层次的动作，才能完成更多的复杂技巧和创造性的动作，才能真正体现啦啦操的无限魅力。

（2）动感活力性：啦啦操队员必须拥有青春的形象、健康的体魄和健美的体形。

（3）风格突出性：啦啦操运动的技术风格侧重于体现所有肢体类动作在运动过程中的短暂加速和定位制动。适当的慢板动作是允许的，但只作为过渡动作出现。

（4）目的性：啦啦操运动通过具有丰富含义的手势、响亮震荡的口号、整齐划一的动作、色彩鲜明的道具以及各种复杂的队形变化及空间技巧的转换，传达一种健康的生活态度和自信乐观的精神面貌，通过整个团队的精彩表演，传达强大的集体主义观念和友好互助、团结进取的时代精神，为比赛队伍加油喝彩。

三、啦啦操运动的分类

（1）技巧啦啦操：以翻腾、托举、抛接、金字塔组合、舞蹈动作、过渡连接及口号等形式为基本内容的团队竞赛项目。

（2）舞蹈啦啦操：以舞蹈动作为主，通过展示各种舞蹈技巧和元素，结合道具为基本内容的团队竞赛项目，包括彩球、高踢腿、爵士、现代、街舞、道具等多个组别。

四、啦啦操运动的口号

口号是技巧啦啦操最基本的技术之一，可以放在成套动作的前、中、后，一般多放在成套动作的中间。口号的基本要求如下：

（1）体现主题：要求体现队伍勇往直前、积极向上的精神。

（2）口号选取：队伍、吉祥物、学校、地区、国家的名字以及简短的激励人心、鼓舞士气的词语或名言警句均可。口号应含义清楚，切忌选取发音复杂、不容易提高音量的词语，同时应避免使用晦涩、易产生歧义的词语。

（3）声音运用：发出口号前要深呼吸，整个咽喉部放松，当肺活量处于最大值时，发出口令，同时控制气息流动，保证气息通畅，使身体的共鸣腔扩展到最大以产生最佳声音效果。

（4）口号效果：口号要做到简短有力，声音洪亮而整齐，用热情感染观众。

五、啦啦操基本动作的技术特征

1. 身体的外部特征

（1）躯干：在完成动作的过程中应该保持身体挺拔，头部稍仰，颈椎、胸椎、腰椎在一条直线上。

（2）手臂动作：主要以肩关节为轴，手臂伸展时应直臂，弯曲时应有一定的角度，手型多为握拳。

（3）步伐：要求在短时间到达指定位置，每个步伐清晰、有力，不需要有意识地缓冲。动作伸展时不要屈膝，屈膝时的角度应有一定要求，膝关节与脚尖的方向要始终保持一致。

2. 内部特征

（1）头部运动：头部放松，颈部发力，注意动作过程中的加速、最后的制动与定位。

（2）四肢发力：肌肉用力使手臂或腿部的动作加速，在完成动作转变的过程中不宜用力过猛致使动作整体视觉效果僵硬。在手臂肌肉发力时肩部肌肉放松，不可耸肩。

（3）移动中的重心控制：可利用肢体的伸展与收缩来调节身体的平衡使重心稳定，也可以利用肌肉的反作用力与肌肉收缩时产生的牵拉力来保持重心的稳定。

六、啦啦操基本手臂动作（图4-3-1）

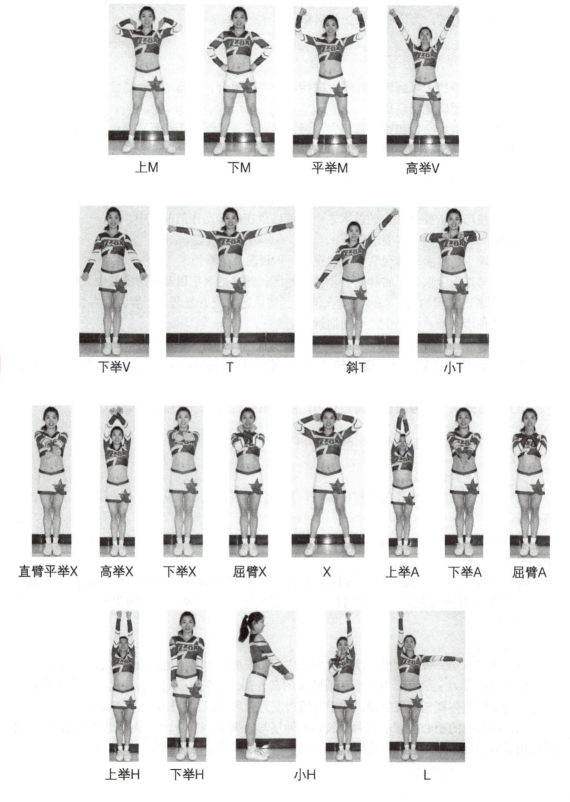

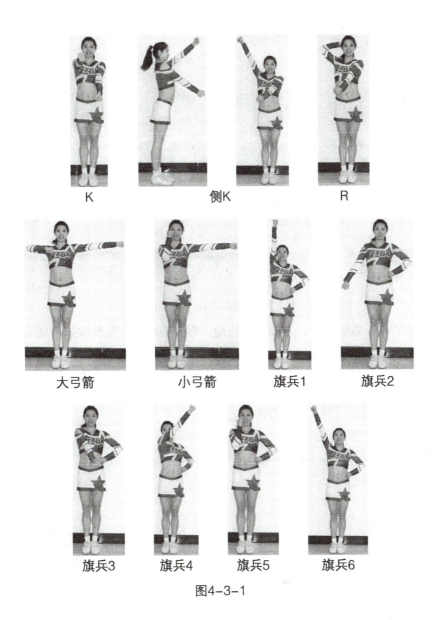

图4-3-1

七、啦啦操基本下肢动作（图4-3-2）

图4-3-2

八、啦啦操基本组合

【组合一】

预备姿势：基本站立。

1×8拍（图4-3-3）：

预备　　　1　　　　2　　　　3~4　　　5~6　　　7~8

图4-3-3

1拍：重心右移，右脚支撑，左腿屈膝点地，右臂侧平举，左臂胸前平屈；

2拍：重心左移，左脚右支撑，右腿屈膝点地，左臂侧平举，右臂胸前平屈；

3拍：重心右移，右脚支撑，左腿屈膝点地，右臂侧平举，左臂胸前平屈；

4拍：保持3拍的动作；

5~6拍：右脚向右一步，双臂直臂胸前交叉；

7~8拍：还原成直立。

2×8拍：同1×8拍动作，方向相反。

3×8拍（图4-3-4）：

1　　　2　　　3　　　4

5　　　6　　　7　　　8

图4-3-4

1～2拍：右脚向右一步屈伸一次，重心前移，双臂胸前屈伸1次；
3拍：双腿屈伸一次，重心后移，双臂胸前屈1次，右臂下举；
4拍：双腿伸直，左臂胸前屈，右臂前下举；
5～8拍：屈膝弹动2次，重心前移，两臂交替屈伸。
4×8拍：同3×8拍动作，方向相反。
5×8拍（图4-3-5）：

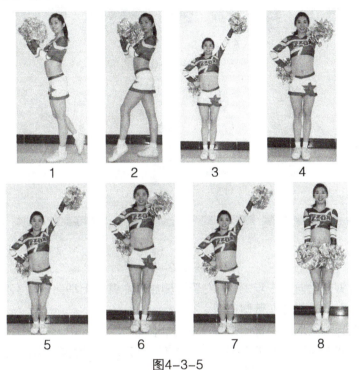

图4-3-5

1～2拍：左脚曼步，双臂胸前屈；
3拍：双脚开立，左臂侧上举，右臂腰侧屈；
4拍：双脚并立，左臂腰侧屈，右臂肩上屈；
5拍：屈膝半蹲，右臂伸直侧上举；
6拍：同4拍动作；
7拍：同5拍动作；
8拍：还原成直立。
6×8拍：同5×8拍动作，但方向相反。
7×8拍（图4-3-6）：
1～2拍：左脚后退成弓步，双臂上举；
3～4拍：还原，双臂下举；
5～6拍：右脚丁字步，右臂侧举，左臂胸前屈；
7～8拍：还原成直立。
8×8拍：同7×8拍动作，但方向相反。
【组合二】
1×8拍（图4-3-7）：

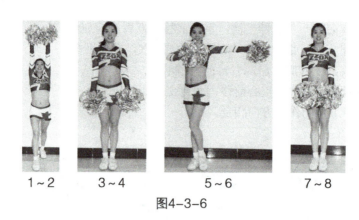

图4-3-6

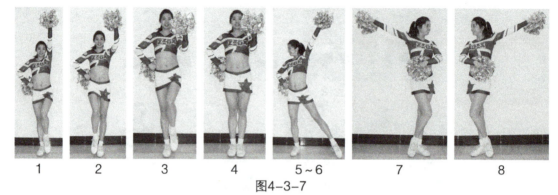

图4-3-7

1～3拍：右脚开始向前走步3次，右臂腰侧屈，左臂由上举向下做3次旋转前臂；
4拍：左脚并右脚，保持左臂胸前屈；
5～6拍：左脚侧点地，左臂侧上举，右臂腰侧屈；
7拍：左脚收回的同时，右脚丁字步，上体左转45度，右臂侧上举，左臂腹右胯；
8拍：同7拍动作，但方向相反。
2×8拍：同1×8拍动作，但方向相反。
3×8拍（图4-3-8）：

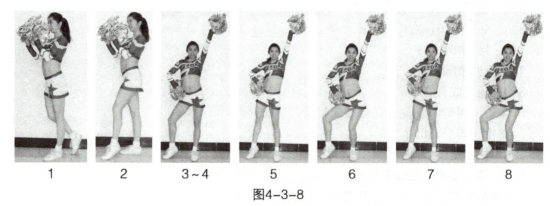

图4-3-8

1～2拍：左脚向右前方做曼步一次，双臂胸前屈；
3～4拍：左脚直立，右腿屈膝点地，左臂侧上举，右臂腰侧屈；
5拍：右髋上提，手臂保持；
6拍：双腿屈膝，右脚脚尖点地；

7~8拍：同5~6拍动作。
4×8拍：同3×8拍动作，但方向相反。
5×8拍（图4-3-9）：

图4-3-9

1~2拍：右脚右迈一步成两脚开立，右臂腰侧屈，左臂右斜前举，旋转2次；
3~4拍：两脚开立，右臂腰侧屈，左臂胸前屈；
5~8拍：上体体前平屈，左臂从右到左画弧。
6×8拍：同5×8拍动作，但方向相反。
7×8拍（图4-3-10）：

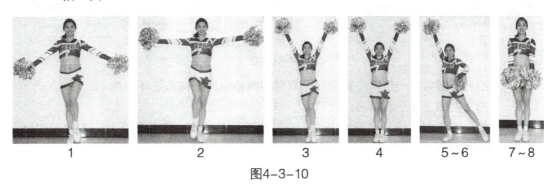

图4-3-10

1拍：右脚向前踏步，双臂侧下举；
2拍：左脚向前踏步，双臂侧平举；
3拍：右脚向前踏步，双臂侧上举；
4拍：左脚并右脚，双臂侧上举；
5~6拍：右臂侧上举，左臂内绕环一周至腰侧屈；
7~8拍：还原成直立。
8×8拍：同7×8拍动作，但方向相反。

【组合三】
1×8拍（图4-3-11）：
1~2拍：右脚向右一步，向右顶髋，双臂右前方胸前绕臂2次；
3~4拍：左脚向左一步，向左顶髋，双臂左前方胸前绕臂2次；
5~6拍：两脚开立，半蹲，双臂经胸前交叉成左臂侧上举，右臂侧下举；
7~8拍：还原成直立。

图4-3-11

2×8拍：同1×8拍动作，但方向相反。

3×8拍（图4-3-12）：

图4-3-12

1～2拍：右脚向右一步，左脚侧踢，双臂前臂由左向下向右绕环一周；

3～4拍：左脚交叉于右脚后，双臂右下举；

5～6拍：右脚右移一步成两脚开立，左腿屈膝脚尖点地，右臂侧平举，左前臂内绕环一周至上举，抬头；

7～8拍：还原成直立。

4×8拍：同3×8拍动作，但方向相反。

5×8拍（图4-3-13）：

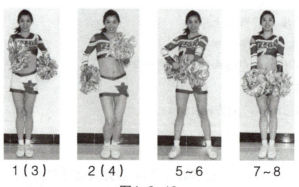

图4-3-13

1～4拍：并脚，逐渐扭转下蹲，双臂自然摆动4次；

5～6拍：右脚向右一步成开立，右臂前下举，左臂腰侧屈；

7～8拍：还原成直立。

6×8拍：同5×8拍动作，但方向相反。

7×8拍（图4-3-14）：

图4-3-14

1～2拍：右脚后退一步成弓步，双臂后绕环；

3～4拍：右脚收回并左脚，双臂胸前屈；

5～6拍：右脚侧移一步，转90度成弓步，右臂前举，左臂上举；

7～8拍：还原成直立。

8×8拍：同7×8拍动作，但方向相反。

【组合四】

1×8拍（图4-3-15）：

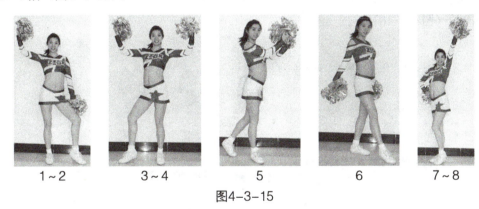

图4-3-15

1～2拍：右脚向右一步，左腿屈膝脚尖点地，右臂肩上屈；

3～4拍：左脚向左一步，右腿屈膝脚尖点地，两臂肩侧屈；

5～6拍：右脚向左前曼步，双臂由前向下绕；

7～8拍：右转90度，右脚点地在左脚边成丁字步，右臂腰侧屈，左臂上举。

2×8拍（图4-3-16）：

1～4拍：右脚开始向前走4步，左臂由上举至胸前屈；

5～6拍：左脚在前恰恰，右手侧上举，左手扶于右髋；

7～8拍：右脚在前恰恰，双臂侧下举。

3×8拍（图4-3-17）：

1～4拍：右脚向前做曼步，双臂自然摆动；

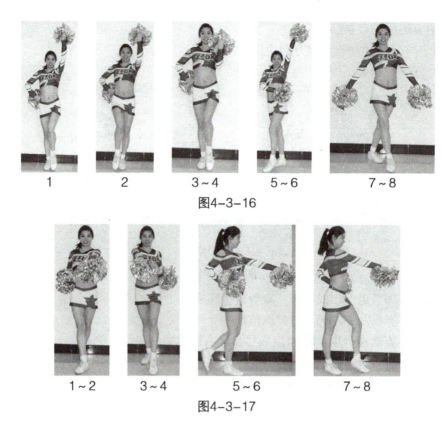

图4-3-16

图4-3-17

5～8拍：左转90度，右脚向前做曼步，双臂自然摆。

4×8拍（图4-3-18）：

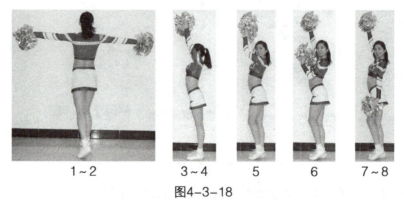

图4-3-18

1～2拍：左转90度，右脚向前做恰恰，双臂侧平举；

3～4拍：左转90度，左脚并右脚成丁字步，双臂上举；

5～8拍：左脚点地并于右脚，左顶髋3次，右臂上举，左臂由上举至下举。

5×8拍（图4-3-19）：

1～2拍：左腿屈膝，右腿向左前点地，右臂侧上举，左臂侧下举；

3～4拍：左转270度，双腿交叉，上体前平屈，双臂胸前屈；

5拍：左脚侧摆腿跳，右臂胸前屈，左臂侧下举；

6拍：右腿侧摆腿跳，左臂胸前屈，右臂侧上举；

7～8拍：右腿侧弓步，左脚侧点地，右臂胸前平屈，左臂侧下举。

图4-3-19

6×8拍（图4-3-20）：

图4-3-20

1～2拍：右转90度，左脚并右脚成丁字步，屈膝，上体前平屈同时双臂前伸；
3～4拍：重心后移，左脚尖点地，上体直立，双臂后摆；
5～8拍：同1～4拍动作。

7×8拍（图4-3-21）：

图4-3-21

1～3拍：左脚开始十字步，双臂头上云手；
4拍：还原成直立；
5～6拍：右脚点地并于左脚，左手扶于左髋，右臂侧上举；
7～8拍：同5～6拍动作，但方向相反。

8×8拍（图4-3-22）：

1～2拍：双脚并立，上臂上举；

图4-3-22

3～4拍：左脚在前交叉，上体前屈，双臂侧下举；
5～7拍：右脚向侧一步成开立，腰绕环一周，双臂由左至右画圆；
8拍：双臂经胸前屈至前下举。

9×8拍（图4-3-23）：

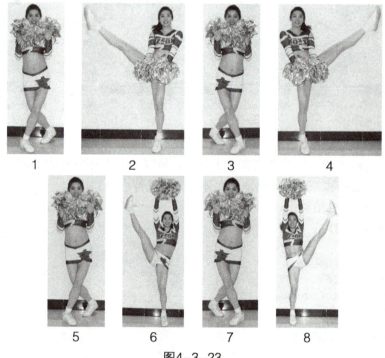

图4-3-23

1拍：左脚向右前上步，双腿交叉，屈膝，双臂胸前屈；
2拍：左腿伸直，右腿侧踢，双臂下举；
3～4拍：同1～2拍动作，但方向相反；
5拍：左脚向右前上步，双腿交叉，屈膝，双臂胸前屈；
6拍：右腿大踢，双臂上举；
7～8拍：左腿大踢，双臂上举。

10×8拍（图4-3-24）：
1～2拍：身体右转45度，双腿屈膝跳2次，双臂胸前屈，交替上下；
3～4拍：左脚剪刀跳，右臂侧平举，左臂上举；

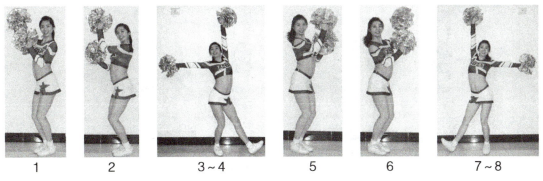

图4-3-24

5～8拍：同1～4拍动作，但方向相反。

11×8拍（图4-3-25）：

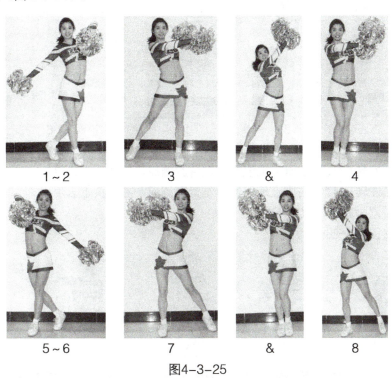

图4-3-25

1～2拍：左脚右后曼步，双臂由左臂侧上举、右臂胸前平屈摆至右臂侧下举、左臂胸前平屈；

3～4拍：左脚向左恰恰，双臂前上方做臂绕环；

5～8拍：同1～4拍动作，但方向相反。

12×8拍（图4-3-26）：

1～2拍：双脚依次打开，双臂上举；

3～4拍：双脚依次并拢，双臂侧下举；

5～8拍：同1～4拍动作。

13×8拍（图4-3-27）：

1～2拍：左脚支撑，右脚点地绕髋，左臂腰侧屈，右臂头上云手；

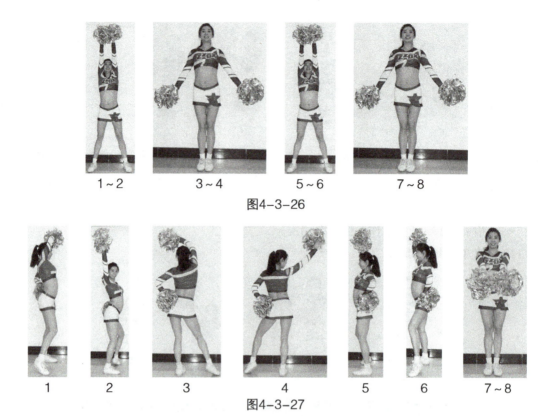

图4-3-26

图4-3-27

3～4拍：左转90度，右脚点地绕髋，左臂腰侧屈，右臂头上云手；
5～6拍：左转90度，右脚点地绕髋，左臂腰侧屈，右臂头上云手；
7～8拍：双脚并拢，双臂下举。

14×8拍（图4-3-28）：

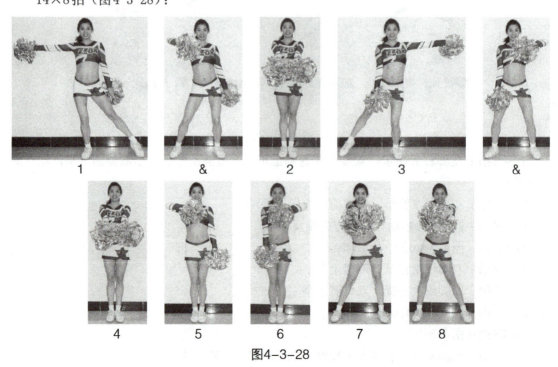

图4-3-28

1拍：右脚向右一步，重心右移，右臂侧平举；
1拍和2拍间：重心左移回到两脚之间，右臂胸前平屈；
2拍：右脚并左脚，右臂下举；
3～4拍：同1～2拍动作，但方向相反；
5～6拍：并脚半蹲，左右臂交替胸前平屈；
7～8拍：右腿向右一步，左右顶髋，双臂前举，依次上下转动。
15×8拍（图4-3-29）：

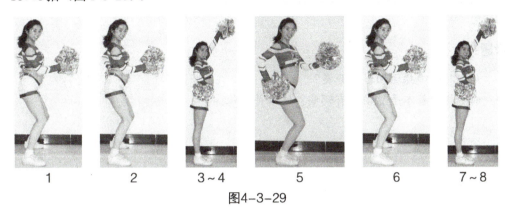

图4-3-29

1～2拍：左转90度，左脚先前一步成蹲，双臂自然前后摆动；
3～4拍：右脚并左脚，左臂腰侧屈，右臂上举；
5～8拍：同1～4拍动作。
16×8拍（图4-3-30）：

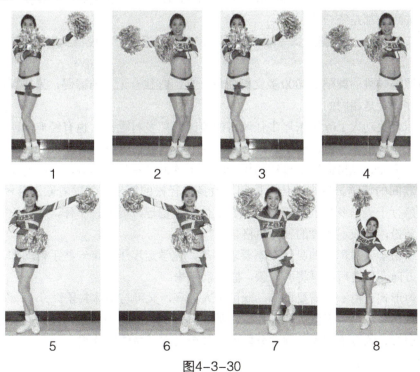

图4-3-30

1～4拍：双脚并拢逐渐下蹲，上举左右摆动至胸前屈；

5拍：右臂扶于左髋，左臂侧上举；

6拍：左臂扶于右髋，右臂侧上举；

7拍：左脚在前交叉，双臂肩上屈；

8拍：右脚后屈，右臂上举，左臂侧平举。

> **小贴士：** 啦啦操基本手臂动作是构成啦啦操编排的重要内容，应加强练习，体现动作质感。另外练习时脚步动作应快速到位，不要拖沓。

思考题：

1. 如何对啦啦操运动进行分类？
2. 啦啦操的基本手臂动作有哪些？练习并定位。

第四节 排舞

1. 排舞的起源与发展

什么是排舞？很多人对这个名字非常陌生。从其英文名"Line Dance"字面推测为排成一排跳的舞。它起源于20世纪70年代的美国西部乡村，也叫牛仔舞。最早用吉他和拍手的方式起舞，随着时代的发展，融入了欧洲宫廷和拉丁式的舞步。

排舞发展至今已有3000多支舞曲，每一支舞曲都有自己独一无二的舞步，且同一支舞曲，全世界的跳法都是统一的。

2008年Line Dance全健排舞登陆中国后，在各省市机关、学校得到广泛推广和发展。

2. 排舞的特点

（1）按照编码跳的舞蹈：3000多支舞曲每一支都有独一无二的舞码，只要舞曲及编舞者相同，则舞序一定是相同的。

（2）音乐轻快动人：除了浓厚牛仔风格的美国西部乡村歌曲，也有经典的西洋老歌，还有融合了爵士、拉丁、桑巴、华尔兹、街舞，甚至歌剧主题曲等现代音乐的元素。

（3）舞步多元、风格创新：排舞的舞步源自于欧洲皇室的宫廷舞，当时的舞风绅士且拘谨，属于贵族间的舞蹈。后来流传至民间，改良成轻松的舞步，并随着欧洲移民到了美国，逐渐演变成盛行于美国乡村的舞蹈，更融合了恰恰、伦巴、曼波、牛仔，和摇滚等舞步，加上西部牛仔装扮，形成了排舞的独特风格。

（4）简单易学：对舞者的身体姿态要求不高，先学走步子，带一些手臂动作，待完全掌握了舞步及方向变化之后，再将胸、腰、髋摆动起来。

（5）练习形式自由：不需要舞伴，既可个人独享，又可与团体共乐。

（6）服饰优雅漂亮：表演的服装可以根据表演者的特点自由搭配，排舞比赛中评分规则中将服装、服饰、妆容单列为一项评分内容，甚至设立了最佳服装奖。

3. 排舞的形式与节拍

（1）排舞不需要舞伴，没有年龄限制，一群人整齐地排成一行向着同一方向，整齐地跳着相同的舞步，每一款舞有一组特定数目的舞步，每款舞会伴以指定的歌曲，舞步循环直至歌曲完结。随着轻松活泼、旋律优美的乐曲，既可独舞，也可万人齐跳。

（2）身体及手臂的动作并无统一要求，根据个人喜好自编动作即可。

（3）舞曲可由32拍、48拍或64拍等不同的循环节奏组成。每首曲子的舞步也随着特定的循环节奏而重复。排舞基本跳法规律可分为2个朝向和4个朝向交替旋转。

4. 排舞的功能

（1）健身价值：排舞中融合了各种不同风格的舞蹈，所以练习者可以根据个人身体条件、年龄、爱好及运动水平等选择适合自己的舞曲，其代谢方式为有氧代谢。

（2）健心价值：排舞运动能消除紧张的情绪、缓解压力，练习者在优美动听的音乐、美妙的舞姿中，消除疲劳、陶冶性情。

（3）健脑价值：通过排舞练习可以对大脑神经不断刺激，减缓记忆力减退，练习过程中不仅要复习已掌握的舞曲舞步，加深记忆，还要不断进行新舞曲学习，每次学习都具有新鲜感和成就感。

（4）健美价值：排舞的练习是在优美动听的音乐旋律中，把细腻的情感注入舞姿，并以高超的舞蹈技艺形神一致地表现出各种动与静的姿态，塑造出各种美妙的意境组合。经常参加排舞练习，可有效塑形美体。

（5）终身锻炼价值：排舞适合各个年龄层次人群，学练的门槛较低，"凡是会走路的人都会跳排舞"这句话是对排舞学舞基础的最好解释。

（6）活跃校园文化生活：排舞教学不仅可满足学生锻炼身体的需要，还可在教与学的过程中培养和提高音乐、舞蹈素养，提升外在气质。

有健康的身体才会有高质量的人生，有强健的体魄才会有高效率的学习。通过排舞锻炼，可以缓解压力、舒展心身、塑造体型，你还在等什么？让我们舞动起来，与世界共同翩翩起舞吧！

> **学习提示：**
> 排舞的动作重点在下半身，只要把舞序记熟了，身体可以随着音乐自然摆动，也可以随着当时的感觉增加一些手势，展现自己的风格。

5. 排舞组合

【组合一】自行车华尔兹（此处每两个3拍用一个完整图示展示，图4-4-1～图4-4-8）

图4-4-1

预备：双脚并立，双臂一位手。

1×3拍：左脚开始向前转180度，双臂上举。

2×3拍：右脚后退转体180度，第3拍时右脚经并左脚向右后45度点地，左手臂从前向下向后绕环至上举。

图4-4-2

3×3拍：

1拍：左脚向右后方退一大步，双臂经侧波浪向下，右臂摆至腹前，右臂在腰后；

2拍：右脚右后方退一步，双臂侧下举；

3拍：左脚经并右脚后，转身90度，向左后方退步，右臂摆至腰后，左臂摆至腹前。

4×3拍：

1拍：右脚左后方45度后退，右臂摆至腰后，左臂摆至腹前；

2拍：左脚左后方45度后退一小步，双臂侧下举；

3拍：右脚原地落地，重心落于两脚之间，双臂放体侧。

图4-4-3

5×3拍：

1拍：左脚向右前方45度上步，双臂体前交叉；

2拍：右脚向右前方上步，右臂侧上举，左臂侧下举；

&拍：左脚做追步，交叉在右脚后，右臂侧上举，左臂侧平举；

3拍：右脚向前一步，双臂保持。

6×3拍：

1拍：左脚向右前方上步，双臂向下落；

2拍：右脚向侧前方上步，双臂侧下举；

3拍：左转90度，左脚向左前方上步，右臂摆至腹前，左臂摆至腰后。

图4-4-4

7×3拍：

同5×3拍动作，方向相反。

8×3拍：

1拍：右脚向左前45度上步，重心前移，右臂摆至腹前，左臂摆至腰后；

2拍：重心还原，左脚原地落地，双臂下摆；

3拍：右脚向右一步，双臂侧下举。

图4-4-5

9×3拍：

1拍：左脚向右前做交叉，手臂随身体自然摆动；

2拍：右脚向右一步，双臂侧下举；

3拍：左脚向右后做交叉，手臂随身体自然摆动。

10×3拍：

1拍：右脚向右一步，左臂放腰后，右臂从左向右摆动；

2～3拍：重心右移至并脚，右臂侧平举。

11×3拍：

1拍：左脚向左一大步，重心下落，右臂从右向左摆动；

2拍：右脚后交叉，右臂摆至左前下方；

3拍：左脚在前点地交叉步，重心向上，右臂摆至腹前。

12×3拍：

1～2拍：右脚向右一大步，重心下落，右臂从左至右；

3拍：左脚托拉至右脚后，成交叉，重心上升至最高，右臂侧平举。

13×3拍：

图4-4-6

图4-4-7

左转90度,左脚向前做基本步,双臂前摆。

14×3拍:

右脚后退做基本步,双臂后摆。

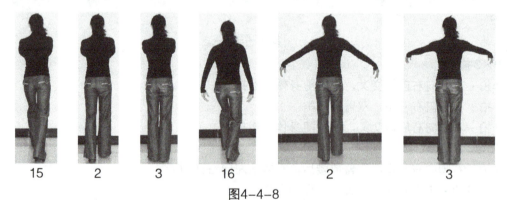

图4-4-8

15×3拍、16×3拍

同13×3拍、14×3拍动作,但左转90度。

> **学习提示:**
> 1. 注意华尔兹的重心移动。
> 2. 手臂动作可根据动作的熟练程度酌情增加。
> 3. 手臂动作可根据习练者的风格或服装特点添加。
> 4. 练习时可单独跳、一排排跳、也可搭档或编队形跳。

【组合二：希腊女神】

预备姿势：双脚并立，双臂自然放于腹前（图4-4-9）。

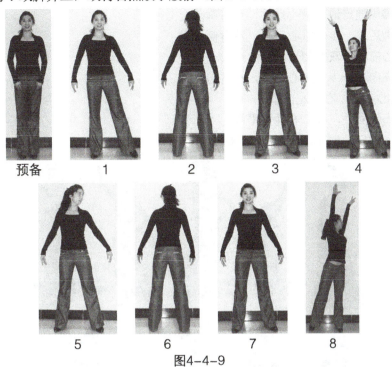

图4-4-9

1×8拍（图4-4-9）：

1～3拍：右脚开始向右3步，同时右转360度，双臂侧下举；

4拍：重心右移至右脚，双臂上举；

5～8拍：同1～4拍动作，但方向相反。

图4-4-10

2×8拍（图4-4-10）：

1拍：右脚向前一步，重心前移，双臂胸前交叉；

2拍：左脚原地点地，重心后移，双臂胸前交叉；

3拍：右脚后退一步，重心后移，双臂侧平举；

4拍：重心前移，双臂侧平举；

5拍：右脚向右一步，重心右移，右臂向左推；

&拍：重心左移，右臂左前举；

6拍：右脚收回并左脚，右臂侧平举；

7～8拍：同5～6拍动作，但方向相反。

图4-4-11

3×8拍（图4-4-11）：

1～4拍：右脚向前点地，绕髋，手臂自然在头上绕环，同时左转180度；

5～6拍：右脚向前做曼步，手臂在体侧自然摆动，同时右转90度；

7～8拍：右脚向前做恰恰，手臂自然放于体侧。

  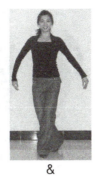 

　　6　　　　7　　　　&　　　　8

图4-4-12

4×8拍：同3×8拍动作，但方向相反（图4-4-12）。

　1　　&　　2　　3　　&　　4　　5～8

图4-4-13

5×8拍（图4-4-13）：

1拍：左转45度，右脚向左前方一步，双臂侧下举；

&拍：左脚向左侧一步，双臂胸前屈；

2拍：左腿屈膝，右脚伸直脚跟点地，双臂右推；

3～4拍：同1～2拍动作，但方向相反；

5～8拍：右脚在前交叉，滚动向右移动4次，双臂侧平举。

6×8拍（图4-4-14）：

1拍：左脚向侧一步，重心前移，双臂自然屈肘摆动；

2拍：重心右移至右脚上，右臂侧摆，左臂胸前屈；

3拍：左脚右后方退，双臂自然摆动；

&拍：右脚并左脚；

4拍：左脚向右前方上步，双臂侧下举；

5拍：右脚斜下朝向地板；

&拍：吸右腿；

6拍：右脚落地同时，左脚向右前上步，重心前移，双臂向下；

7～8拍：同5～6拍动作。

7×8拍（图4-4-15）：

1～2拍：右脚向右做侧并步，双臂前后摆动；

3～4拍：1～2拍动作；

&拍：吸右腿；

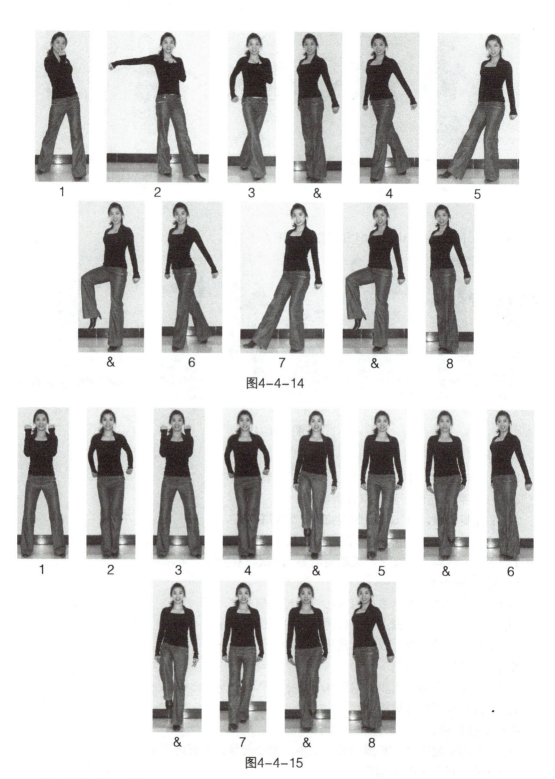

图4-4-14

图4-4-15

5拍：右脚向前下踢；
&拍：右脚落地的同时，吸左腿；
6拍：左脚并左脚；
7～8拍：同5～6拍动作。

> **注意：**
> 1. 7×8拍是调整动作，在音乐合适的位置做一次或重复两次。
> 2. 先熟悉动作的顺序，在熟练的情况下加大髋关节运动。
> 3. 手臂动作可根据个人习惯加入，可单臂也可双臂同时，根据个人特点加入头部及眼神。
> 4. 可单人练习，可一排排练习，也可编排队形练习。
> 5. 推荐曲目：自行车华尔兹，爱尔兰风情，牛仔女郎，爱尔兰之魂，绚丽桑巴，爱之谜，印度制造，魅力恰恰，希腊女神，坚固的爱。

思考题：

1. 排舞区别于其他健身方式的特点是什么？
2. 排舞的价值体现在哪些方面？
3. 如何进行排舞的编排？

第五章 健美操竞赛与欣赏

本章要点：

通过本章的学习，使大家对健美操重要的组织有所了解，同时介绍了健美操的欣赏方法，相信通过本章的学习，你一定收获不小呦！

第一节 健美操竞赛知识

一、协会组织介绍

（1）国际体操联合会健美操委员会（FIG）成立于1981年，总部设在法国，于1994年接受健美操为其正式比赛项目，并颁布了第一本竞技健美操竞赛规则。从1995年开始，每年举办FIG健美操世界锦标赛。从2000年起，每逢双数年举办一次世界锦标赛。1999年国际体操联合会合并了蹦床、技巧两个国际组织，成为拥有体操、艺术体操、健美操、蹦床、技巧、大众体操六个大项的单项体育组织。我国是体操联合会的正式会员国。

（2）国际健美操冠军联合会（ANAC）成立于1990年，总部设在美国，每年举办ANAC世界健美操冠军赛。

（3）国际健美操联合会（IAF）成立于1983年，总部设在日本，1994年以前是世界上最大的国际健美操组织，目前有会员国近30个，每年举办IAF健美操世界杯赛。

（4）中国大学生体协健美操、艺术体操协会成立于1992年。

（5）中国健美操协会（CCA）成立于1992年9月，总部设在北京，1997年初并入国家体育总局体操运动管理中心。

二、健美操竞赛的意义与规则变化

在比赛中，通过视、听来感受运动员结实健壮的身体、优美矫健的动作、朝气蓬勃的精神面貌，使观众受到感染，振奋精神；比赛可使各参赛队充分展示训练水平，相互观摩、互相学习、增进友谊、促进技术水平的提高。同时还能为健美操的科学研究提供大量原始数据，为健美操的发展起到很好的促进作用。

健美操竞赛规则是健美操比赛的法定文件，为教练员、运动员提供赛前训练和参赛依据，为裁判员公正、准确评分提供执法依据。1987～1999年，我国的健美操竞赛规则有三个系列：一是由原国家体委在1987年、1992年、1996年制定的《健美操竞赛规则与裁判法》；

二是由中国大学生体协健美操、艺术体操分会1991年和1993年制定的《大学生健美操竞赛规则》（大学生在1996年开始执1994～1996年的国际健美操评分规则）；三是由原国家体委1994年制定的《职工健美操竞赛规则》。1999年元月，我国健美操正式与国际接轨，全国统一执行由国际体操联合会制定的《国际体操联合会1997～2000年健美操竞赛规则》。1999年6月浙江萧山市举行的全国健美操锦标赛首次采用了这一规则。

第二节　健美操欣赏指导

1. 健身健美操如何欣赏

健身健美操也称大众健美操，是集健身、娱乐、防病为一体的群众性普及健身运动。更好地欣赏它，需要注意以下几方面。

（1）从音乐角度欣赏。音乐是健美操的灵魂，应与动作连为一体，音乐要尽可能把动作的感觉表现出来。健身健美操音乐分为快、中、慢三个速度标准，一般慢速为10秒16～20拍，稍快的为10秒22拍，这种音乐节奏具有强烈的感染力，动感十足，使人一听就想舞动起来，能够最大限度地发挥运动员的潜能。对于音乐选择，要突出时代特征，具有一定民族特色，同时注意体现健美操健、力、美的特点。音乐的旋律要动听，力求新颖，富于变化，节奏鲜明。有针对性地选择音乐，会起到事半功倍的效果。一般年轻人选择节奏强烈的迪斯科、爵士乐、摇滚乐等；少年儿童选择活泼、轻快、节奏性强的音乐；老年人选择节奏适中、优美、舒缓的音乐。

（2）从编排角度设计欣赏。所编排的动作要符合人体的生理规律，强度大小适宜，体现健康向上的情绪。队形变化清晰、流畅，场地利用充分，能体现集体配合意识，每个人在完成动作的时间、空间、能力和表现力上要一致。

（3）从艺术性角度欣赏。主题应健康、充满激情、富有活力，表演风格和形式可多样，如拉丁操健身操、啦啦啦啦健身操、啦啦健身操等。也可使用轻器械，如木兰扇、健身球、哑铃等。音乐的选择与动作风格相一致并配合协调，动作和音乐融为一体。

（4）从完成情况角度欣赏。做动作时，身体姿势要正确、动作规范、准确到位。集体动作要整齐划一，完成动作时通过表演和激情去感染观众，同时激发自己的情绪。

（5）从服装角度欣赏。设计新颖、合体统一的服装、鞋子和整洁的发式可以展现运动员的精神面貌，使运动员的形体更加优美，为比赛或表演增添魅力的同时也大大增加运动员的自信心。

2. 竞技健美操如何欣赏

竞技健美操是在音乐伴奏下，表现连续、复杂和高难度动作的能力，该项目起源于传统的有氧健身运动。成套动作必须展示连续的动作组合，是柔韧性、力量与七种基本步伐的结合，观赏价值越来越高。

（1）从音乐角度欣赏。竞技健美操的音乐一般是10秒26～30拍，动感十足，能够最大限度地发挥运动员的潜能，对视觉的冲击力非常强。通常情况下音乐的选择与成套动作要表现的意图是紧密相连的。音乐的长短不一样，可以是一首曲子，也可以多首曲子混合，原创音乐或加入特殊音效均可。

（2）从编排角度欣赏。成套动作的编排要富有艺术性，必须展示出创造性和竞技性。成套动作中所选择的难度动作必须体现出空中、站立和地面三个空间的充分利用。

（3）从动作难度角度欣赏。成套动作中必须包括四类难度动作各一个：动力性力量、经历性力量、跳与跃、平衡与柔韧。混双，3人，6人最多允许做12个难度动作，如果是单人难度动作不允许超过10个，如果是没有列入难度表中的其它难度动作，将由难度裁判员现场评价，只允许评判0.3以下的新难度动作。

（4）从完成情况角度欣赏。成套动作中，混双，3人和6人完成时间是1分45秒，有正负5秒的宽容度。男单和女单的完成时间是1分30秒，也有正负5秒的宽容度。所有的动作必须完美完成，动作与音乐很好地融合起来，表现出视觉与听觉的完美结合；集体项目中全体运动员准确完成动作的能力、动作幅度和力度、腾空的高度等要求一致；还要通过激情的表演吸引和感染观众，带动全场的观众融入到表演当中，形成良好的互动。

3. 如何从美学角度评价健美操

（1）健美操运动内容丰富，形式多样，是审美价值较高的运动项目。在竞技健美操的训练过程中人体各部位永远处于标准形态。脊椎挺拔，颈、胸、腰、胝四个生理弯曲部位也必须处于最佳状态。一个优秀的竞技健美操选手在做任何高难动作时，身体各部位都要始终保持标准姿态，给人以美感。

（2）作为现代时尚运动，竞技健美操带给人的不仅是健康，还有良好的形象和气质。

（3）铿锵有力的动感美：在1分45秒的成套动作中，约包括了260个动作，除去规定的12个难度动作和7个过度连接（腾空、落地等）之外，都由"操化动作"组成，通过步伐的变化和手臂的伸展，体现复杂性、多样性的协调能力。竞技健美操在完成过程中，没片刻静止，每秒大概要完成2个动作，给人目不暇接、变幻莫测的美感。

（4）变幻莫测的构思美：视觉反差大、观赏性强是竞技健美操的又一个亮点，编排中的"不可预测性"，每一次落地、每一个支撑，不但类型多样，还能够连接各种难度动作，形成自然流畅、复杂多变的一组组造型。运动员时而腾飞，时而旋转，时而俯撑，给人以朝气蓬勃的动感和节奏铿锵的韵律。既有高山流水般的恢弘气势，又有出人意料的奇思妙想，堪称力与美的智慧结晶。

思考题：

1. 如何从美学的角度欣赏健美操？
2. 健身健美操如何欣赏？

附录

附录一 大众健美操比赛评分规则

一、总则

国家体育总局最新版的大众健美操比赛评分规则在2003年版规则的基础上，根据近年来的执行情况进行了一定的修改，使之更加适合当前大众健美操的发展情况，为各层次和各级别的群众性健美操比赛提供了科学可行的评分参考。

1. 比赛内容：规定动作比赛（全国健美操大众锻炼标准）；自选动作比赛。
2. 年龄与分组：基层或学校比赛可根据实际情况自定。
3. 参赛人数：规定动作每队6人，性别不限，或按比赛规程执行。自选动作：每队3～16人，性别不限，或按比赛规程执行。
4. 出场顺序：比赛的出场顺序在赛前由组委会竞赛部指定中间人抽签确定。
5. 比赛场地与设备：

（1）赛台高80～100cm，比赛场地为12m×12m的地板或地毯，后面有背景遮挡。基层比赛可根据情况自定。

（2）有专业的放音设备和舞台灯光。基层比赛可自定。

（3）裁判席设在比赛场地的正前方。

6. 成套动作时间：

（1）规定动作：按《全国健美操大众锻炼标准》的规定时间执行。

（2）自选动作：成套动作时间为2分30秒～3分钟，计时从动作开始到动作结束。

7. 音乐伴奏：

（1）规定动作《全国健美操大众锻炼标准》音乐由大会统一播放。

（2）自选动作音乐由参赛队自备，必须录在磁带A面的开头或光盘的开头，备2份，其中1份报到后交大会放音组。

8. 自选动作音乐允许有2×8拍的前奏，音乐速度不限，但必须是高质量的。

9. 比赛服装：

（1）着健身服或运动式休闲服和运动鞋（旅游鞋式，不可穿球鞋、体操鞋等）。

（2）服装上可有亮片等装饰物，女运动员可化淡妆；比赛时运动员不得佩戴首饰。

10. 裁判组成：裁判组由1名裁判长、5～7名裁判员、1名记录长、2名记录员、1名计时员（自选动作比赛）、1名放音员、2～3名检录员、1名宣告员组成（也可根据比赛规模的大小适当增减裁判人员）。

11. 评分方法：

（1）采取公开示分的方法，成套动作满分为10分，裁判员的评分精确到0.1分。

（2）裁判员的评分去掉1个最高分和1个最低分，中间3个分数的平均分即为总分，再减去裁判长减分即为最后得分。

12. 对比赛成绩和结果不接受申述。

13. 奖项设置与奖励办法：奖项设置与奖励办法按比赛规程执行或自定。

二、成套动作评分

1. 规定动作评分（10分制）具体细则如（附表1）。

（1）表演和团队精神（4分）

（2）动作的完成（6分）

附表1　评分扣分表（一）

评分因素	内容	扣分		
		一般	较差	不可接受
表演和团队精神（4分）	表现力与热情	0.1~0.2	0.3~0.4	0.5或更多
	队形	0.1~0.2	0.3~0.4	0.5或更多
	一致性（每次）	0.1	0.2	0.3
动作完成（6分）	动作正确性	0.1~0.2	0.3~0.4	0.5或更多
	动作不熟练、漏做动作	0.1~0.2	0.3~0.4	0.5或更多
	身体协调性	0.1~0.2	0.3~0.4	0.5或更多
	动作连接	0.1~0.2	0.3~0.4	0.5或更多
	改变动作或附加动作	0.1~0.2	0.3~0.4	0.5或更多
	动作要充分表现音乐的情绪	0.1~0.2	0.3~0.4	0.5或更多
	动作和音乐节奏配合要准确	0.1~0.2	0.3~0.4	0.5或更多

2. 自选动作评分（10分制）具体细则如（表2）

表2　评分扣分表（二）

评分因素	内容	扣分		
		一般	较差	不可接受
动作设计（3分）	主题健康、充满活力	0.1~0.2	0.3~0.4	0.5或更多
	风格突出、富有创意	0.1~0.2	0.3~0.4	0.5或更多
	动作类型丰富，动作的转换自然流畅	0.1~0.2	0.3~0.4	0.5或更多
	安全性	每出现一次不安全动作扣0.5分		
	音乐的选择与动作风格相一致并配合协调，录音质量高且清晰	0.1~0.2	0.3~0.4	0.5或更多
	充分利用场地和空间	0.1~0.2	0.3~0.4	0.5或更多
	服饰选择美观协调	0.1~0.2	0.3~0.4	0.5或更多
动作完成（4分）	动作完成轻松、准确、流畅	0.1~0.2	0.3~0.4	0.5或更多
	动作完成能体现所选择主题的风格和特点	0.1~0.2	0.3~0.4	0.5或更多
	动作与音乐必须协调一致	0.1~0.2	0.3~0.4	0.5或更多
表演和团队精神（3分）	表现力与热情	0.1~0.2	0.3~0.4	0.5或更多
	队形	0.1~0.2	0.3~0.4	0.5或更多
	一致性（每次）	0.1	0.2	0.3

(1) 动作设计：3分。

(2) 动作完成：4分。

(3) 表演和团队精神：3分。

3. 裁判长减分：裁判长对比赛的过程进行组织和监控，并对下列情况进行减分，每项均减0.2分：

(1) 被叫到后20秒内未出场。

(2) 参赛人数不符合规定。

(3) 成套时间不足或超时。

(4) 着装不符合规定。

(5) 比赛时掉物或装束散落。

三、不安全动作

在成套动作中不鼓励出现竞技健美操中的难度动作和不安全动作，如出现类似动作，不仅不予加分，而且对可能出现的错误动作还要扣分。

四、纪律与处罚

1. 裁判长示意后1分钟未出场者，取消比赛资格。

2. 拒绝领奖者取消所有成绩与名次。

3. 检录三次未到者取消该项比赛资格。

4. 对不遵守大会其他纪律、不尊重裁判员和大会工作人员、有意干扰比赛者，视情况给予以下处罚：警告或取消健美操等级指导员资格。

五、特殊情况处理

运动员在遇到以下特殊情况时，应立即停止做动作并向裁判长反映，在问题解决后重做，在成套动作结束后提出的要求将不被接受。

(1) 播放错音乐。

(2) 由于音响设备而出现的音乐问题。

附录二　舞蹈啦啦操运动的评分规则

一、评分因素

1. 成套编排：动作必须根据音乐设计，具有舞蹈啦啦操的项目特征。翻腾动作不视为难度。可以出现具有舞蹈主题的托举造型，但不得超过两人高，仅作为成套素材出现。

2. 完成情况：成套动作中所有动作都应正确完美地完成。包括正确的身体姿态与手位、技术技巧、难度动作、道具运用、动作清晰、动作力度、一致性、表现力、音乐合拍等内容。

3. 难度动作：

在舞蹈啦啦操成套动作中难度分为3类：平衡转体类、跳跃类、踢腿类。3类难度最低完成标准为：平衡转体类；跳跃类；踢腿类、平衡类动作需保持2秒。

二、评分内容（总分100分）

1. 成套编排（50分）：由六部分组成，成套编排包括动作设计、主题与技术风格、过渡与连接、音乐运用、表演与包装、特定动作。评分标准如下：

非常好：10～8分

好：7～6分

满意：5～4分

差：3～2分

不可接受：1～0分

（1）动作设计（10分）：成套动作的设计必须体现出动作素材的多样性和创造性，以展示成套动作的复杂性和艺术价值。

（2）主题与技术风格（10分）：成套动作必须体现出鲜明的表演主题。成套动作中可以结合道具来体现，道具的运用必须体现价值，例如丰富内容、主题需要。

（3）过渡与连接（10分）：每个和每组动作的过渡连接必须体现出合理性、独特性、团队整体性。包括难度之间的过渡与连接。

（4）音乐运用（10分）：成套动作的设计必须与音乐的风格、节拍、主题相吻合。

（5）表演与包装（10分）：运动员在成套动作中必须通过各种方式表现出自信与健康的活力，每个队伍必须通过各种必要的方式包装自己，从而展示本队最佳的风采。

（6）特定动作：特定动作是指成套动作中的特殊规定动作，它必须在成套动作中出现，每缺少一类特定动作减1分。

- 成套动作中必须出现一组2×8拍的对比组合动作，缺少减1分；
- 成套动作中至少出现一组4×8拍啦啦操基本手位组合，缺少减1分；
- 成套动作中队形变化不得少于5次，缺少1次减1分；
- 成套动作中每个8拍必须出现1次方向变化，超过8拍每次减1分；
- 成套动作中每4个8拍必须出现1次上下空间变化，超过每次减1分；
- 成套动作中必须集中出现一组至少6×8拍个性舞蹈动作组合，缺少减1分。

2. 完成情况（50分）：未达到标准完成则按以下因素根据实际完成情况减分（表1）。在舞蹈啦啦操成套动作中，3类难度中每类必须最少出现1次。每缺少一类由难度裁判员减1分，成套动作中最多可以做15个难度，每超过一个难度，减1分。

表1 完成情况减分标准

错误程度	错误描述	减分标准
微错误	微小的错误，与正确完成之间的轻微偏离	每次减0.2分
小错误	与正确完成之间清晰明显的错误	每次减0.3分
中错误	明显偏离正确地完成动作	每次减0.4分
大错误	明显偏离的严重错误	每次减0.5分
失误	身体因缺乏控制而产生非控制性掉下，以及非正常触及地面	每次减2分
难度动作	每个难度动作失败	最多减1分
音乐节拍错误	动作与音乐节拍失去联系	每次减0.3分
一致性错误	出现一致性错误	每次减0.3分
动作中断	停顿8拍动作以内	每次减1分
	停顿8拍动作以上	每次减2分
道具掉地	道具掉地后迅速捡起继续做动作	每次1分
	道具掉地后不捡起而继续做动作判为失去道具	减2分

三、违例减分

1. 一般违例减分：出界：标志带是比赛场地的一部分，因此，触线是允许的，但身体任何部位接触线外的地面将减分，肢体空中出线不扣分，每次出界由视线评判员减1分。

2. 技术违例减分：在舞蹈啦啦操比赛中，由难度评判员针对相应的技术违例情况每出现1次减1分。

3. 评判长减分
- 成套动作时间不足，减1分；
- 成套时间超过，减1分；
- 成套时间错误，减5分；
- 口号时间不足，减1分；
- 口号时间超过，减1分；
- 口号违例，减2分；
- 运动员被叫到后20秒钟内未出场，减1分；
- 运动员被叫到后60秒钟内未出场，取消比赛资格；
- 运动员不正确着装，减1分；
- 运动员不正确化妆，减1分；
- 违反赛场纪律，减1分；
- 渲染暴力、宗教信仰、种族歧视与性爱主题的动作，减1分；
- 不正确道具运用，减1分；
- 非高质量音乐效果，减1分。

四、评判委员会

由高级评判组与评判组两部分组成：具体裁判可根据赛事的规模进行分工，各司其职，为比赛的顺利进行提供强有力的保障。

五、评分方法

采用公开示分的方法，每位评判员的评分最小单位为小数点后1位，总分计算保留小数点后2位，最后得分保留小数点后2位。

1. 得分计算：

（1）总分计算：艺术分、完成分、难度分相加为总分。

（2）最后得分计算：总分减去评判长减分和难度减分后的得分为最后得分。

2. 最后成绩计算：预赛成绩不带入决赛，以决赛成绩为最后成绩，得分高者名次列前，若得分相同则名次并列，不减下一名次。

六、特殊情况

- 音乐带播放错误；
- 由于音响设备而出现的音乐播放问题；
- 由于设备问题引起的干扰，如停电、赛台坍塌等；
- 其他任何异物进入比赛场地；
- 由运动员责任外的特殊情况而引起的比赛中断或终止。

运动员在遇到以上任何情况发生时，应立即停止做动作，成套动作结束后提出的抗议将不被接受；根据总评判长的决定，在问题解决后可重做，原分数无效。

附录三　排舞评分规则

一、总则

为大力普及推广排舞运动，2009年3月由国家体育总局体操运动管理中心、中国健美操协会、中华全国总工会、中国职工文体协会及北京市体操运动协会排舞委员会组织有关专家及有排舞推广和比赛经验的骨干研讨编写了《全国排舞评分规则》（草案）。本规则适用于全国排舞比赛及各基层单位的排舞比赛。

1．定义：排舞是根据一段完整的歌曲或音乐，以有氧运动为基础，以身体练习和多变的步伐为基本手段，编者编排好一套完整的动作，练习者达到塑造形体、舒缓压力、改善气质、增强身体协调性、提高健康素质的一项运动。排舞旨在增强团队精神、促进和谐关系和反映健康向上的精神面貌。

2．目的：保证全国排舞比赛评分的客观性、规范性和公正性。

3．比赛项目和参赛人数：

（1）团体、青年混双、中年混双、男女单人。

（2）团体赛每队的参赛人数最低为16人，上不封顶。

（3）男女比例至少要达到1∶4或4∶1。

4．比赛分组见表2。

表2　排舞比赛分组表

序号	组别	年龄要求	组队形式	备注
1	儿童组	学龄前		
2	小学组	6～12		
3	中学组	13～17（含中专、中技、职高）		
4	大学组	18～30（含大专、高职）		
5	青年组	18～34		
6	中年组	35～49		
7	老年组	50以上		
8	国际友人组	不分组		

5．组队名称规范：地区＋队名；社会组：××省××市（自定义名称）排舞队；单位组：××省××市（单位、学校简称）排舞队。

6．出场顺序：比赛的出场顺序在赛前领队会时由各领队抽签确定。

7．比赛方法：

（1）规定曲目：相同曲目可以一个队或几个队一起上场比赛。

（2）自选曲目：每队单独表演。

8．入场与退场：

（1）可以选择动态入场接开始，也可以选择立定造型开始。

（2）入场、退场必须迅速。

（3）退场必须包括向裁判员及观众行礼致意。

9．成套动作时间根据比赛规程而定。

10．比赛成绩与奖励：

（1）预赛成绩不带入决赛，比赛最后成绩由决赛产生。

（2）奖项设置与奖励办法按比赛规程执行。

11．服装与装饰：

（1）比赛服装、服饰、鞋、帽等要求符合舞蹈风格。鞋跟高度不得超过3厘米。

（2）比赛时选手可化妆、彩绘、花纹图案贴纸均可。

（3）可以佩戴与表演相关的饰物。

12．对手持道具的规定：可以使用轻型道具，但不鼓励使用道具。

13．有关安全规定：编排的动作中不能出现对身体造成伤害的动作（不安全动作），否则要扣分。

14．场地与设备：

（1）比赛场地不小于16×16平方米，场地应该为木制地板或地胶。

（2）比赛应有专业的放音设备，还可以有舞台灯光。

（3）裁判席设在比赛场地的正前方。

15．广告标贴规定：视比赛规模按大会要求而定。

二、动作、编排及音乐

1．成套动作要求：必须是大会组委会指定排舞舞码版本及配套音乐，必须在音乐伴奏下完成。

2．编排要求：

（1）根据表演的需要、在不改变原舞码基本风格、基本舞步和音乐节奏的前提下，编导者可以对原排舞曲目的前奏、上肢动作、队形变化以及入场、退场等进行编排。编排部分不能离开音乐的整体风格。

（2）单首曲目编排：在一首完整的排舞音乐伴奏下，全体选手必须完成一个完整的方向循环。其余可做队形或方向的变化。结尾可以有不超过2个8拍脱离原舞码的编排。

（3）串烧曲目编排：几首排舞串联表演称为串烧表演。每首曲目全体选手必须要面对评委完成原舞码规定的一个方向的完整动作；其中组与组之间的重复动作可进行编排。每首排舞之间要衔接流畅、过渡自然。

3．排舞伴奏音乐的统一和规范：

（1）所有表演过程中所用的音乐，必须是本队所选表演曲目的排舞音乐。

（2）在上、下场以及每首曲目衔接的过程中，不允许添加表演曲目以外的音乐。

（3）规定曲目必须是一首完整的歌曲或乐曲，未经剪辑、组合、拼接。

（4）串烧曲目可以根据情绪需要对原表演曲目音乐剪辑、组合、拼接，但不得改变原曲音乐风格。

4．排舞音乐的准备：

（1）排舞曲目的名称必须是国内排舞管理机构公布的统一中文翻译名称。

（2）规定曲目音乐光盘由大会组委会准备，自选曲目音乐光盘由参赛者自备。

（3）自选曲目表演音乐由参赛者自备两份，光盘里只有参赛表演音乐，其中1份报到时交大会放音组。

（4）光盘正面必须标明单位、比赛项目和出场顺序。

5．填报《参赛曲目报表》（表3）

表3 参赛曲目表

填报单位：

比赛项目	规定曲目	自选曲目	串烧曲目	难度	拍数	方向	时长

6．串烧曲目必须将所选曲目名称依次列出。

三、排舞裁判法

1．大会组委会：由主办与承办单位的相关领导、行政人员及各参赛队领队组成。

2．仲裁委员会：由熟悉本项目的专家和工作人员担任，负责按规则对比赛中发生的争议、申诉做出仲裁决定，需要申诉的单位，在递交申诉报告的同时需缴纳申诉费500元人民币，败诉者不退还申诉费。仲裁委员会的裁决为最终裁决。

3．裁判委员会可根据比赛规模的大小适当增减裁判人员。

4．裁判员资格：担任全国比赛的裁判员必须参加过由相关全国排舞管理机构举办的排舞裁判员培训，考试合格并取得相应证书，拥有与比赛相适应的裁判等级，具有一定比赛临场经验。

5．评分方法：

（1）采取公开示分的方法。

（2）成套动作满分为10分，裁判员的评分采用给分制，精确到0.05分。

（3）去掉最高分和最低分，裁判员评分相加的平均值再减去裁判长减分即为最后得分（保留小数点后三位）。

6．成套动作评分（10分制）：

（1）动作的完成：动作与标准舞码的一致性，动作与音乐节拍的吻合（3分）；

（2）编排设计部分：创新性、流畅性、队形变化及音乐风格的把握（3分）；

（3）舞曲风格及表现力：把握风格，面部表情自然、自信，融入音乐的感染力（2分）；

（4）服装服饰妆容：风格吻合、色彩及整体视觉效果协调（1分）；

（5）总体完整性：整齐度、团队精神、视觉效果、全部表演的整体评价（1分）。

7．裁判长根据情况减分最高不超过1.2分。

8．纪律处罚：对检录三次未到者、拒绝领奖者、不服从裁判者和有意干扰比赛者将视情况给予警告、取消比赛资格、取消成绩与名次的处罚。

9．特殊情况：运动员在遇到以下特殊情况时，应立即停止做动作并向裁判长反映，在问题解决后重做，在成套动作结束后提出的要求将不被接受；播放错误音乐；由于音响设备而出现的音乐问题；由于设备问题而出现的干扰——灯光舞台、会场。

参考文献

[1] 王洪. 健美操教程. 北京：人们体育出版社，2001.
[2] 黄宽柔. 健美操团体体操. 桂林：广西师范大学出版社，2000.
[3] 曹兵. 健美操技巧图解. 北京：北京体育大学出版社，2002.
[4] 肖光来. 健美操教程. 北京：人民体育出版社，2001.
[5] 全国健美操大众锻炼标准. 国家体育总局审批，2010.
[6] 黄宽柔. 艺术体操与健美操. 广州：广东高等教育出版社，2003.
[7] 冯萍. 健美操与体育舞蹈. 杭州：浙江大学出版社，2003.
[8] 王建珍. 大众健美操. 呼和浩特：内蒙古大学出版社，2000.
[9] 王国勇. 健身、健美操指导手册. 上海：上海财经大学出版社，2000.
[10] 张绍程. 健美操. 北京：北京体育大学出版社，1993.
[11] 马洪韬. 现代健美操训练方法. 北京：北京体育大学出版社，2005.
[12] 范晓靖. 大众健美操与舞蹈健身. 北京：人民军医出版社，2005.
[13] 单亚萍. 健美操教学与训练. 杭州：浙江大学出版社，2003.
[14] 杨晓婕. 周子华主编. 新健美操教程. 南京：河海大学出版社，2003.
[15] 闫振龙等. 健美操. 西安：西安交通大学出版社，2001.
[16] 大众健美操评分标准. 国家体育总局，2003.
[17] 全国排舞评分规则. 国家体育总局体操运动管理中心等，2009.
[18] 徐中秋. 国际全明星啦啦队竞赛评分规则，2006-2009.